副市町村長のしごと

「ナンバー2」視点の自治体マネジメント

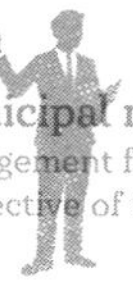

Deputy municipal mayor's job
Management from
the perspective of the No.2

渡邉　誠
Makoto Watanabe

自治体研究社

はじめに

筆者は、二〇二二年三月三一日、東北の自治体における副市長の一期四年間の任期を終えた。

筆者を信頼し、任命してくれた市長は二期目の任期中にあったので、退任の際、幾人からか、副市長としての能力も、胆力も充分に持ち合わせていない筆者に（もちろん世辞であったと思うが）、なぜ辞めるのか、もう一期続ければよいではないか、という過分な言葉をかけていただいた。退任の理由に対して様々な憶測をする人もいたようだ。

しかし、包み隠さずありのままを申せば、四年前に就任したその日から全力で職務に臨んだ結果、持てるすべてを出し尽くし、筆者の体の中には出せるものは何も残っていない、そこに任期を終える日が訪れた、ただ、それだけだ。当の本人としては、よく四年もの日々、任務を続けることができたな、というのが偽らざる心境である。

住民にとって最も身近な政府としての基礎自治体の副市町村長は、首長とともに住民の生命財産の保全、地域の振興を住民から託された自治体経営の最高責任者の一人であり、毎日、張り詰めた緊張の中での任務が続く。片時もその重責から離れることはできない。

就任時には「おめでとうございます」という挨拶をいただくことがあったが、現実の職務においては辛いことのほうがはるかに多く、〝おめでたい〟ことにはめったにお目にかかることはない。毎日、全力投球が求められる、そんな四年間だった。

「ご迷惑をおかけするが、この方法しかない。

すべて私の責任として対処されますよう。

お詫び申し上げます。」（麻井、二〇二〇）

これは一九九六年九月、ダム建設や第三セクターの経営問題の混迷の中で、自ら命を断った四国の自治体の助役（当時）の遺書である。

彼は住民、議会、行政など地域のステークホルダーの利害が複雑に絡み合う自治体行政の間で、生命と引き換えに責任を取るというこの世で最も過酷な選択をせざるを得なかった。

冒頭から大変、重い書き出しになってしまったが、副市町村長の職責はかように重い。彼の最後の行動は如実に、端的にそのことを表している。

自治体の副市町村長は一体、いかなる仕事をしているのか、何をしているのか、そもそも何者なのか、この問いに答えるのは意外に難しい。だが、このことだけは言える。

「地域に身を捧げ、身を削らなければ務まらない仕事」、であると。

自治体の組織において、副市町村長は首長の代理者というのが主たる役割なのだが、人により、自治体の置かれている状況、就任のタイミングによっても職務の内容は一律ではない。複数の副市町村長が置かれている場合にあっては所掌する分野によっても役割が変わるし、首長との関係によっても役割は変化する。

本書を手に取られた人は、図らずも副市町村長の任務に就くことになった方や自分の自治体の副市町村長がどういう仕事をしているのか単純に興味を持った住民の方などではないかと思う。

筆者が本書の執行を思い立ったのは、自分自身が東北の基礎自治体の副市長に就任した際、ダイレクトに参考になりそうな書籍や文献が非常に少なかったことに起因する。

もっとも実際に職務に当たってみれば、なぜそのような書籍などが今まで存在してこなかったのか、よく理解できたのだが、要は墓場まで持っていかなければならない事柄が多くて書くことができないのだ。

自治体職員から内部登用で副市町村長になった人は退任後もその自治体に住み続けることになるので、余生をひっそりと送ることになり、国や都道府県からの出向者であれば退任後も役人生活が続くため、在任中の職務を公にするには難しいこともあろうと思う。

筆者は首長の要請に応じ、国立大学を辞し、二〇一八年四月から東北の基礎自治体の副市長を一期四年間務めた後、二〇二二年三月に退任した。現在は大学の教員として学術研究機関の末席に身を置いている。

特段の取り柄もなく、世の中のためになすべきことをなしてきたとは到底、言い難く、後悔多き人生を送ってきた人間だ。自分のような浅学薄才の者にその資格があるかどうか分からないが、四年間の自らの経験が、今後の地方自治の発展のためにささやかではあるがその一助になるかも知れないと考え、副市町村長が日々、何に悩み、何を心がけ、何をなそうとしているのか、その職務内容や自治体経営の留意点などについて、自らへの戒めという意味も込めて、文字にしたためることとしたものが本書である。

そうは言っても、いざ書き始めてみると諸般の事情から現時点で文字にすることをためらう事柄は多かった。読者には申し訳ないが、そういったことを含めた増補版については、然るべき月日の経過が必要であり、他日に期することとさせていただきたい。

本書はあくまで筆者が体験した範囲で、現時点で文章化が可能な内容に留まるものであり、また、自治体により、人により、就任のタイミングにより副市町村長の仕事を一律に規定するわけにはいかないことを最初にお断りしておく。

筆者の在任中には至らない点、失敗も多々あった。経営は結果責任であり、お前自身が実践できているのか、というお叱りもあろう。また、筆者の自治体経営や地方自治への認識の不足、覚悟の甘さを露呈することにもなるので、自らの恥をさらすようでもある。誠にもって汗顔の至りであるが、不足している部分やお気づきの点があればご叱責、ご指摘をいただきたい。

本書が、決してお世辞にも〝おめでたい〟とは言えない仕事に就かれた皆様にとってわずかばかりでも参考になれば幸いである。

二〇二四年九月

渡邉　誠

本書の狙い

自治体管理職員向けの職務内容を解説あるいは指南する書籍については、これまで各社からいくつか出版されているが、その多くは課長級までの職務を想定したものとなっており、部長級以上の幹部職員や副市町村長など常勤特別職の職務を対象として書かれたものは、存在していないと言ってよい。

部制、局制の下での現場の実務を監督する課長職と、その上位に位置する部長級・局長級の職務、政治任用の特別職である副市町村長では職務の内容や必要となるマネジメント、組織運営の技術やノウハウは必然的に相違するものとなる。

副市町村長経験者が著した文献もないわけではないが、一般職員時代からの経験を記した回顧録のようなものや、医療、福祉行政など担当分野の職務や経験について記述されているものとなっており、副市町村長の職務がそもそもどのようなものなのか、人的資源管理（組織運営、人事・労務管理など）や財務（予算、財政運営）といった自治体経営・組織運営（マネジメント）の根幹部分にフォーカスし、その職務の全体を整理して書かれたものは筆者の知る限り、存在していないようだ。

副市町村長は公選の首長を陰で支える存在であり、あまり住民の目に見えることはないかも知れないが、住民に最も身近な基礎自治体の実務を取り仕切り、行政の健全性を確保する最後の砦でもあり、地域行政にとっては欠くことのできない役目を担っている。

例えば、近年、自治体幹部の逮捕者が続出し、自治体行政の信用を著しく毀損させている入札契約事務については、財務など組織マネジメントを担当する副市町村長が責任者になっており、就任直後から待ったなしの対応が必要になる。就任時に誰からか組織マネジメントや心構えについて指南を受けることができればよいが、そういったことがないままに就任し、実務家トップとして行政実務を取り仕切らなければならない状態に置かれることは実に危険極まりないことだと言わなければならない。

本書は、大変、微力ではあるが、このような自治体経営、組織マネジメントの課題を克服すべく、筆者の経験をもとに取りまとめたものであり、その特徴は、次のような点にあるものと考えている。

㈠　単なる回顧録ではなく、実務を知ることができること

ありがちな回顧録ではなく、副市町村長が現実に直面する実務面の課題に対処できるような自治体経営・組織運営のトップマネジメントを知ることができる。筆者の経験から可能な限り一般化、普遍化できそうな経営ノウハウや実務における留意点などを抽出し、記述することに努めた。ゆえに在職中の思い出話の類は盛り込んでいない。よくわからない抽象論ではなく、可能な限り具体的な内容になることにも留意した。

㈡　副市町村長が担う重責や心構えを就任前に確認することができること

副市町村長は就任した瞬間から、組織運営に加え、任期の先にある地域の未来に対して重責を担う立場となる。加えて、就任直後から自治体行政において大きなリスク要因である入札契約や防災・危機管理などの分野では待ったなしの対応が求められる。ところが、副市町村長に就任してしまうと、組織のナンバー2の特別職に対して、一般職員から耳の痛い苦言を呈されたり、適切な助言を受ける機会は現実的には限られてしまうのが実情だ。本書によ

り副市町村長就任前に、責任の重さや心構えを知り、必要な準備をすることが可能となる。

㈢　自治体行政の真実を知ることができること

中央官庁からの天下り的な人事により自治体に出向している者はいずれ国に復帰する。人事権が国に握られているので、住民や自治体が真に自治に目覚め、国の統制を脅かす恐れのある内容は書くことはできないであろう。

一方、本書は住民や自治体が真の自立、自治に目覚めるきっかけにもなればとの思いを込めて執筆している。筆者は既に国の役所を退職しており、誰にも忖度する必要はない立場にある。ありのままの地方行政や自治体行財政の制度的な課題などについて制約なく書くことができる。随所に地方自治制度、自治体運営のあるべき姿など地方自治の本質を問いかける内容を盛り込むよう努めた。

このように、基礎自治体ナンバー2である副市町村長の職務における留意点、トップマネジメントの要諦や心構えを伝える内容としている。副市町村長が日々、どのようなことに苦悩し、仕事をしているのか、といったことが理解していただけるのではないかと考えている。

本書は、基本的には副市町村長就任に向けて準備している方や就任間もない者を想定して著したものだが、自治体の管理職員の職にある者にとってもトップマネジメントの仕事内容や心理を知ることは職務遂行上も有益であろう。

できるならば、住民の皆様にも、わがまちの自治体運営や副市町村長の職務に関心を持っていただければ幸いである。

【参考文献】

・麻井みよこ（二〇二〇）『奇跡の村―木頭と柚子と命の物語―』角川書店。

目　次

第一章　副市町村長の職務・法的位置づけ

本章では、副市町村長の職務がどのようなものなのか、その概略や地方自治制度における法的な位置づけを確認する。まず、副市町村長の前史である助役制までさかのぼり、副市町村長制に至る歴史を振り返る。

第一節　「副市町村長」制の歴史
――「助役」から「副市町村長」へ――

一　「助役」時代
――副市町村長前史――

現在の副市町村長は二〇〇六年の地方自治法改正前は「助役」と呼ばれていた。この助役という役職の始まりは一八八八年の市制町村制に遡る。当時の助役は市町村会（議会）における選挙により選出され、府県知事の認可を受けるなどして就任していた。つまりこの時代の助役は議員（政治家）であった。なお、市の助役は市長、名誉職参事会員とともに、市参事会を構成するメンバーになっていた（図1－1）。

一九一一年の市制町村制の全部改正において首長推薦に基づき議会が決定する方式となった。当時の助役の所掌

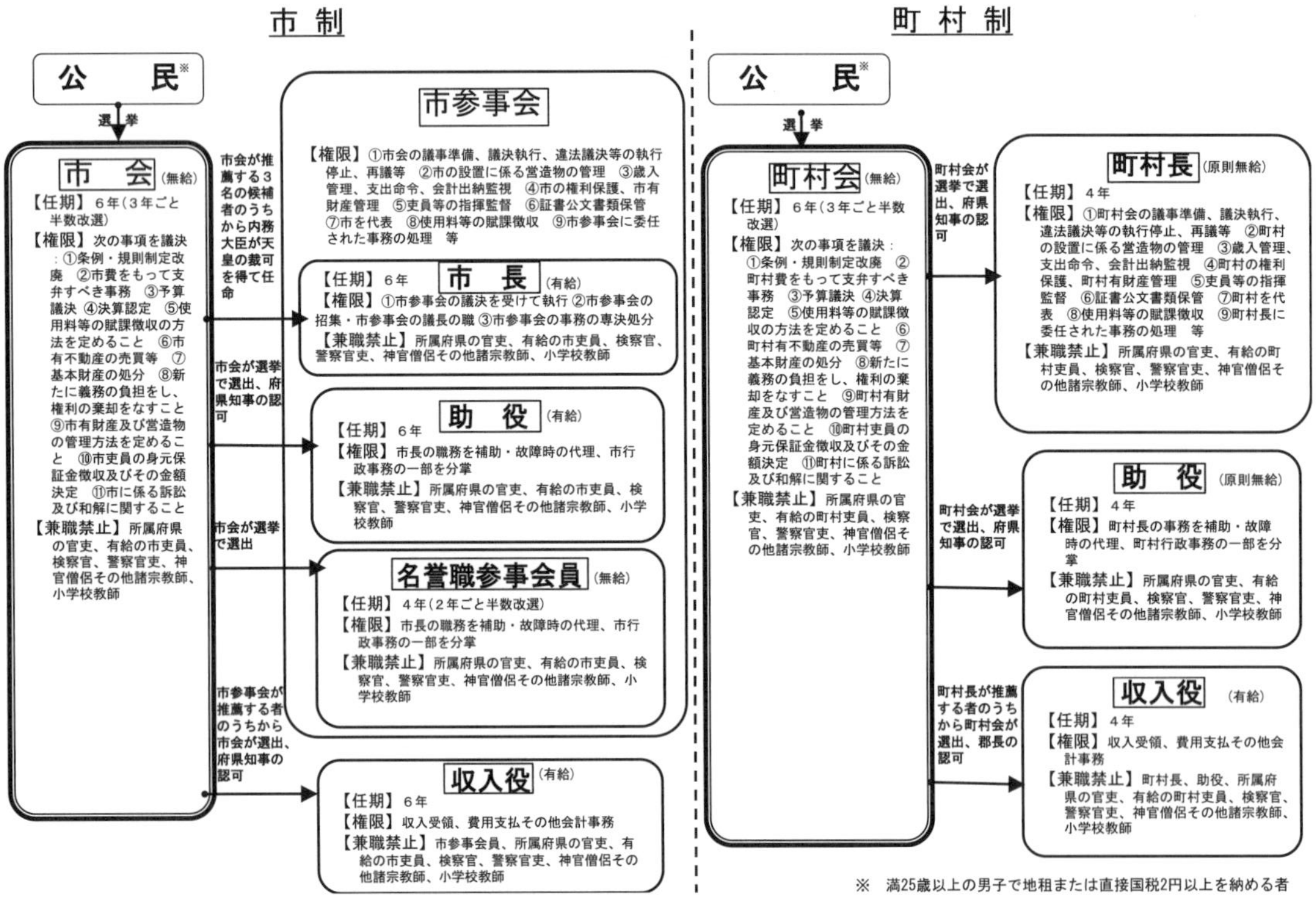

図１－１　市制・町村制制定時（明治21年）の制度

出典）総務省「地方議会・議員のあり方に関する研究会　資料」

表1－1　市制（1911年法律第68号による全部改正後の条文）（抄）

§96　助役ハ市長ノ事務ヲ補助ス
②　助役ハ市長故障アルトキ之ヲ代理ス
③　助役数人アルトキハ豫メ市長ノ定メタル順序ニ依リ之ヲ代理ス

事務は「市長（町村長）の事務を補助す」（一九一一年市制第九六条第一項等）となっており、その職名の示すとおりであり、非常にシンプルなものであった。なお、当時の市制における助役の所掌事務に関する条文を参考までに記す（表1－1）。

その後も就任に当たっての都道府県知事や議会の関与の有無が変更されるなどの変遷を経て、敗戦後の一九四六年の市制町村制の改正において、首長が議会の同意を得て選任する現行制度と同様の方式が導入された。

戦後、新たに制定された地方自治法（一九四七年五月三日、日本国憲法と同日施行）においても基本的にはこの方式を引継ぎ、助役は議会の同意を得て選任されることとされた。この姿の助役が二〇〇六年まで続いたことになる。

なお、二〇〇六年の地方自治法改正までは、定数は明治時代から大都市、小規模町村に関わらず一名とされ、条例で置かないことも増員することも可能とされていた。

助役制度の沿革については、第二八次地方制度調査会における検討資料において表1－2のように整理されている。

二　「副市町村長」の誕生

一九九〇年代以降の地方分権改革により自治体の役割と責任が広がったこともあり、首長のトップマネジメント機能の強化が叫ばれるようになった。

いくつかの市で独自に「副市長」の名称で複数名を設置していた。助役とともに首長を支える

表１－２　副知事・助役制度の沿革

○助役は、明治21年の市制・町村制において市町村長から市町村行政事務の一部を分掌する職として設置。

○選任方法は、市会・町村会の選挙、市町村長の推薦に基づく市会・町村会の決定、府県知事の許可を要する市町村長の選任、などと変遷し、戦後改革によって市町村長が市会・町村会の同意を得て選任するという、現行制度と同じ形となった。

○副知事は、戦前の都道府県には置かれず、昭和22年の地方自治法において創設された。

(旧制度における沿革)

	市	町　村
明治21年市制町村制制定	・市参事会の構成員として設置 ・東京市３名、京都・大阪市２名、その他の市１名（条例で増減可） ・市会において満年齢30歳以上の者より選挙 ・選挙に関して府県知事の認可が必要 ・任期６年（市長と同じ） ・市長は市参事会員（助役は構成員の１人）に市行政事務の一部を分掌させることができる	・原則１名（条例で増減可） ・町村会において満年齢30歳以上の者より選挙 ・選挙に関して府県知事の認可が必要 ・任期４年 ・町村長は助役に町村行政事務の一部を分掌させることができる
明治44年市制町村制全部改正	・原則１名（条例によって増員可、勅令指定市（東京市、京都市、大阪市）は内務大臣が定める） ・市長が推薦し、市会が決定 ・決定又は選挙について府県知事の認可が必要 ・任期４年（市長の改正に対応）	・町村長が推薦し、町村会が決定 ・決定又は選挙について府県知事の認可が必要
大正15年市制町村制改正	・府県知事の認可は廃止	・府県知事の認可は廃止
昭和４年市制改正	・勅令指定市の助役の定数も原則１名（増員する場合には条例をもって定める）	—
昭和18年市制町村制改正	・府県知事の許可が復活（市会の関与なく市長が選任）	・府県知事の許可が復活（市会の関与なく市長が選任）

昭和 21 年 市制町村制 一部改正	・市長が市会の同意を得て選任（府県知事の許可廃止）	・条例をもって、助役を置かないことも可能となる ・町村長が町村会の同意を得て選任（府県知事の許可廃止）

（地方自治法における沿革）

	都 道 府 県	市　町　村
昭和 22 年 地方自治法 制定	・副知事を新設 ・原則１名（条例により人口 200 万以上は２名、300 万以上は３名まで増員可） ・長が議会の同意を得て、副知事を選任 ・副知事の任期は４年 ・旧制度における助役の規定を引き継ぐ	・旧制度の規定をほぼ踏襲（原則１名、条例で増員可、町村は置かないことも可） ・長が議会の同意を得て、助役を選任 ・旧制度における規定を引き継ぐ
昭和 27 年 地方自治法 一部改正	・定数の増加における人口要件削除 ・条例で置かないことも可能となる ・条例で増員可	・市においても町村と同様に条例で置かないことも可能となる

出典）第 28 次地方制度調査会第９回専門小委員会「資料４　長を補佐する機関及び出納機関について」（2004 年 10 月 14 日）

特別職の幹部職員としてハイレベルでの内部牽制の役割を果たすことが期待され、置くこととされていた収入役を実際に置かない市町村が増加していたことや、本来業務とは全く関係のない業務をしているなど制度の形骸化も見られるようになっていた。

こうした状況を踏まえ、第二八次地方制度調査会答申（「地方の自主性・自律性の拡大及び地方議会のあり方に関する答申について」二〇〇五年一二月九日）を受け、二〇〇六年に地方自治法が改正（法律第五三号）され、市町村にあっては助役に代えて「副市町村長」が設置されることとされた。同時に特別職の収入役は一般職の会計管理者に変更された。

従来の基礎自治体のトップマネジメント体制を表す表現として、首長、助役・副市町村長、収入役の三役、これに教育長を加えて四役という言われ方もなされてきたが、この制度改正により、四役の方は消滅したことになる。

三　「助役」との相違点

助役から副市町村長に変わったことによる具体的な相違点は以下のようになっている。

(1) 定　数

助役は、大都市、小規模市町村に関わらず、定数は原則一人とされており、助役と収入役が、首長を支える特別職として置かれることとされていた。

ところが、法制度と現実の乖離が進んでいたことや、平成の大合併により市町村の規模の拡大、地方分権による自治体の権限・責任の拡大、事務事業の高度化、多様化などの状況を踏まえ、首長のトップマネジメント体制の強化を図り、首長が自らの判断で柔軟に自身を補佐する体制を構築できるようにする観点から、収入役を一般職の会計管理者に変更することとし、その見合いのようなかたちで「助役」の定数を法定で原則一名としていたものを変更し、副市町村長の定数は各自治体の条例に委ねることとされた。

(2) 職　務

経営学の泰斗として知られるＰ・Ｆ・ドラッカーはその著書で「今日の意味でマネジャーの呼称を最初に使ったのも、企業ではなかった。二〇世紀初めのシティ・マネジャー（市議会任命の行政トップ）だった。」（一九九九年）と言っている。

副市町村長制の導入に当たり、参考にされたと言われているのが米国のシティ・マネジャー制だ。この制度については穂坂ほか（二〇〇八）に詳しいが、シティ・マネジャーの多くが公共政策分野の大学院を卒業し、議会の指名を受け、行政運営のスペシャリストとして、一定期間、自治体経営の実務の責任者の役割を担う者である。この制度の最大の狙いは行政を政治から守ること、とされている。

議会から指名を受けた者が行政から政治を守るために置かれているということにはやや奇異な印象を受けるかも知れないが、党派の対立などから距離を置き、行政を中立・公平に執行することが期待されているということであろう。

地方自治法の改正により、副市町村長の職務に、首長の命を受け政策及び企画をつかさどる旨の規定が追加されたが、これは単に首長の補佐に留まらず、より積極的に関係部局を指揮監督し、政策立案、政策判断を行えることを明確にしたものと言える。

首長の意向の下で、副市町村長自らが自治体経営における高度な政治判断を伴うような重要な政策の企画立案を担うことが期待されている。

同時に、首長の権限に属する事務の一部について、地方自治法第一五三条第一項の規定により委任を受け、その事務を執行する旨の規定が追加された（同法第一六七条第二項）。

これは、従来、首長から助役への事務の委任が、規定上必ずしも明確でなかったことを受け、副市町村長が首長から委任を受けた事務については、その都度、首長の判断を仰ぐことなく、自らの権限と責任においてこれを処理することを法規定上も明らかにしたものだ。

なお、この規定に基づき事務の委任を行ったときは、対外的に分担を明らかにする必要上、告示することとされ

表１－３　地方自治法2006年改正における定数、所掌事務関係の条文

改　正　後	改　正　前
161条　都道府県に副知事を、市町村に副市町村長を置く。ただし、条例で置かないことができる。 ②　副知事及び副市町村長の定数は、条例でこれを定める。	161条　都道府県に副知事１人を置く。但し、条例でこれを置かないことができる。 ②　市町村に助役１人を置く。但し、条例でこれを置かないことができる。 ③　副知事及び助役の定数は、条例でこれを増加することができる。
第167条　副知事及び副市町村長は、普通地方公共団体の長を補佐し、普通地方公共団体の長の命を受け政策及び企画をつかさどり、その補助機関である職員の担任する事務を監督し、別に定めるところにより、普通地方公共団体の長の職務を代理する。	第167条　副知事及び助役は、普通地方公共団体の長を補佐し、その補助機関たる職員の担任する事務を監督し、別に定めるところにより、普通地方公共団体の長の職務を代理する。
②　前項に定めるもののほか、副知事及び副市町村長は、普通地方公共団体の長の権限に属する事務の一部について、第百五十三条第一項の規定により委任を受け、その事務を執行する。	（追加）
③　前項の場合においては、普通地方公共団体の長は、直ちに、その旨を告示しなければならない。	（追加）

ている（同法第一六七条第三項）。

参考までに地方自治法の二〇〇六年改正（法律第五三号）における定数、所掌事務関係の条文を対比すると表１－３のとおりとなっている。

(3) 議会の同意人事

二〇〇六年の地方自治法改正で副市町村長の定数が各自治体の条例に委ねることとされた一方で、助役制から変更がなされなかったのは議会の選任同意が必要とされている点だ。

この点については都道府県を対象とした検討として、都道府県議会議長会設置の都道府県議会制度研究会（座長：大森彌東京大学名誉

教授）「今こそ地方議会の改革を・都道府県議会制度研究会中間報告」（二〇〇五）において、人事同意制度については以下のように書かれている。

「現行制度上、副知事、出納長、執行機関である行政委員会の長の選任について、議会の同意を要するとするいわゆる人事同意制度がある。この人事同意制度は、高度の専門的な知識経験を要するとされている職、政治的中立性を求められる職、首長の職務執行について審査機能を持っている職などについて、多数の議員を構成員とする議会がその適格性をチェックして、不適格者がこれらの職に就くことによって生ずる不利益を回避することを目的とする制度でありこれまでに首長の独断専行的な任命権を抑止する制度として相応の機能を果たしてきていると言われている。

しかしながら、議会の同意が得られず空位期間が長く続いたり、逆に、議会が同意して時を置かずに罷免されるというような事例も、地方公務員として身分保障がないことから、政治職といわれている副知事及び助役の同意などについて時として見られることから、これらについても検討対象としてはどうかという意見があり、一応検討の俎上に乗せて検討したところである。」

その結果、この研究会では一定の方向性を見出すまでには至らなかったということであったが、座長の大森はその著書において「かりに議会多数会派の意に沿わなくとも、民意の審判の結果が首長であり、その首長が特定の人物を自分の最高補佐役にしたいと提案しているのである。その人物によほどの問題がなければ、選挙で敗北した腹いせに、首長を困らせるような同意人事は議会人にあるまじき行為ではないか。これを突き詰めれば、もともと副知事・副市町村長を議会同意人事にしている制度自体がおかしいということにもなる」、「こうした不合理な議会反応を誘発するような制度は廃止してしかるべきではないか。」と論じている（大森、二〇〇八）。

全国的にも、首長と議会の多数派が対立している自治体において、議会からの副市町村長の選任同意が得られず行政機能が停滞するケースが散見される。副市町村長の定数増員に当たっては条例の改正が必要となり、一般職に比べるとかなり高額にのぼる人件費の増加に見合った効果が得られるのかどうか、議会の審議を受けるのは当然である。

ただ、現在の同意人事の対象が、この報告書で「現行制度において議会の選任同意を要するとされている職は、首長の補助機関である職と政治的中立性を要する職等が混在している。」と指摘しているように、政治的中立性を要する職以外の職の議会の選任同意の必要性については検討がなされるべきではないかと考える。

なお、もう一人の常勤特別職である教育長については、第一次地方分権改革において、都道府県の教育委員会の教育長の任命には文部大臣（当時）の承認を要し、市区町村教育委員会の教育長の任命には都道府県教育委員会の承認を要することとされていた教育長任命承認制度が「地方自治の本旨」に反するきわめて変則的な中央集権制度であるとして廃止せられ、紆余曲折を経て、教育長の選任は議会の議決事件にすることとされた。この点について西尾（二〇〇七）は「首長の影響力が無制約になることを最も強く警戒していたのではないか。だからこそ、議会による牽制に最後の期待を寄せているのではないか」と推量している。また、新藤（二〇〇四）は、教育行政の「指導」の分野において、文部省（＊筆者注、現文部科学省）を頂点として、都道府県教育委員会、同教育事務所、市区町村教育委員会、学校長へと連なる行政系列が確立し、これを通じ「指導」への「恭順」ないし「迎合」が行われてきているとしている。

筆者の実務経験に照らしてみると、教育長は自治体の職員からの登用よりも地域の有力校の校長出身者など長く教育現場に身を置く人材の登用の方が圧倒的に多く、これらの者は教育行政におけるインナー・サークルの機微を心得ている。このことは結果として、西尾、新藤の指摘のとおり、首長部局から干渉されることなく、文部科学省、都道府県、市区町村の教育行政の縦のラインによる情報伝達、統制を可能とする仕組みとして作用する（戦後、占領軍から地方教育委員会への一般的指揮監督権を否定された文部省（当時）が巧みにこれを無力化していったプロセスについては新藤（二〇一三）を参照されたい）。

仮に教育長を議会の同意人事の対象から外してしまうと、自治体内部の人材を登用しやすくなるため、国を頂点とした教育行政の縦のラインの維持は難しくなることが予想される。そういうことになれば、義務教育国庫負担金制度への理解者が減ることにもなるため、三位一体の改革で議論された一般財源化にも繋がりかねない、そうなれば占領体制下における涙ぐましい努力によりかろうじて解体を免れた文部科学省（当時は文部省）の存在自体が危うくなってしまう、そのようなことを懸念しているのではないかとも思えてくる。

第二節　職務の概略

一　謎に包まれた副市町村長の存在

自治体の副市町村長が何者なのか、一般の住民にとっては気にもとめたことがないのが実情ではないだろうか。有名企業の社長が誰か知っていても、副社長が誰なのか、何をしているのか関心が持たれないのと同様、副市町村長がどのような役割を担っているのか、何をしているのか、多くの住民にとっては関心の対象にはならない。

筆者が副市長在任中に県内の農業者が集う会合で講演したとき、地元の副市町村長に会ったことがあるか質問したところ、誰からも手が挙がらなかった。首長は住民から選挙で直接、選出される公選のリーダーであり、誰を首長にするかは地域の大きな関心事でもあるが、選挙の対象にならないナンバー２の存在である副市町村長に光が当たることは滅多にない。

副市町村長が何者なのか、よく分からないのは住民だけではない。実は自治体に勤務する職員の多くも（幹部職員や秘書担当部局に勤務する職員を除けば）、ほぼ同様の状態にあると言ってよい。職員の大半は、副市町村長を公式行事などで目にすることがあっても、部屋の扉の向こうで日々、何に苦悩し、何をしているのか、理解している者は少ない。

その実態は謎に包まれているようではある。なぜならば、組織のトップ（首長、社長）は代表者として表に出ることや最終的な判断を行うことが役割なのに対し、組織のナンバー２（副市町村長、副社長）は、トップが不在の間の留守を預かる代理者であり、トップが意思決定を円滑に行うための調整など、言わば黒子の役を果たすことが任務となっているため、活動が表に現れることがないからである。謎のような存在になるのはある意味、当然とも言える。

二　副市町村長は自治体の最高経営責任者の一人

副市町村長の職務は地方自治法第一六七条において次のように規定されている。

「副知事及び副市町村長は、普通地方公共団体の長を補佐し、普通地方公共団体の長の命を受け政策及び企画をつかさどり、その補助機関である職員の担任する事務を監督し、別に定めるところにより、普通地方公共団体の長の職務を代理する。」

我が国の自治体は二元代表制の下で首長は執行機関の役割を、議会は議事機関の役割を住民から与えられており、副市町村長は首長の下で行政事務の執行を補佐する役割を担う立場にある。

広範に広がる自治体行政事務の執行とは即ち自治体経営そのものでもあり、首長と副市町村長は、住民と議会に対して自治体行政の執行責任、経営責任という大変重い責任を負っている。

もちろん、自治体の最終的な経営責任者は首長だが、首長からナンバー2として任命された副市町村長は首長と一心同体も同然である。副市町村長は首長と自治体の経営責任を共有する最高経営責任者の一人であり、地域の将来を左右する重責を担っている。首長と副市町村長は自らの任期の先にある未来にも向き合う責任がある。

三　主な仕事は人的資源管理、財務を中心とした自治体の経営管理

首長は行政事務の執行を補助機関の副市町村長や職員を通じて実施することになるが、自治体という大きな官僚組織を効果的、効率的に動かすためには人事（人的資源管理）と予算（財務）を掌握することが鍵となる。これは行政機関、民間企業、古今東西を問わず組織管理の要諦である。

副市町村長は首長の最側近としてこれを支える補佐役である。その主な仕事を端的にあらわせば、組織管理上、重要な意味を持つ人的資源管理（人事、組織・労務管理）、財政運営を中心としながら、自治体経営全般を管理、監督することである。さらに、これらに加えて、住民の生命財産を守るための防災・危機管理、事務執行の公正性を保つ観点から入札契約が、副市町村長が最も力を発揮しなければならない仕事となる。

これらの分野は、自治体行政に携わる人であればお分かりいただけると思うが、住民あるいは組織の命運に直結する自治体経営の中核的な業務である。したがって、副市町村長は四六時中、緊張感から逃れることはできないことを意味する。

本書は、これらの四分野を所掌する副市町村長を想定した内容となっていることを最初にお断りする。

国からの出向者が複数の副市町村長を置く自治体で就任するケースなどにおいては、特定の部局を担当し、人的資源管理や財務を担当しないこともある。しかし、そのような場合であっても筆頭の副市町村長が欠けた場合には次席の者が代理を務めることになるので、いつでも代理が務まるよう心がけが必要となる。

四　職務内容の多様性

これまで副市町村長の職務内容の概略を述べたが、全国の副市町村長が同じ仕事をしているかといえば、決してそうではない。首長との関係、定数が単独か複数か、財政状況など自治体の置かれた状況により変化するので、職務内容は一律ではない。

また、首長が庁内の調整まで自ら行ってしまう人物であれば、副市町村長の仕事は少なくなるし、首長や庁内の信頼を失えば干されてしまうこともありうる。複数の副市町村長が配置されている場合に、組織運営の中核的な部分にはまったく関与できず、式典での挨拶など当たり障りのない仕事しか与えられないケースもありうる。このように対外的には副市町村長を名乗っていても、実際に担っている職務は一人として同じということはない。

そもそも、自治体ごとに地域性や周辺環境は様々だ。人口が増加傾向にある大都市周辺のベッドタウンと呼ばれる地域、医療などの公共サービスを自前で提供する必要のない地域、地震や風水害などの発生するリスクが低い地域、国や都道府県が整備した工業団地に企業が進出している地域、大規模事業所の立地が進んでいる地域のように恵まれた状況にある地域と、以上のような経営環境、立地環境にない地域では、自治体の経営の難易度は自ずと異なる。

自治体の財政力は課税力に対しての財政需要の多寡によって決まることから、課税力に対して財政需要が少なければば財政力は高いということができる。医療などの公共サービスの提供を周辺自治体に依存できれば財政需要は少なくて済むので財政力は高い、ということになる。

もっとも、どの自治体も多かれ少なかれ経営環境において恵まれている条件、不利な条件を抱えており、自治体経営の苦労も様々だ。周辺環境に恵まれておらず、財政力が低い自治体の副市町村長は、ないものねだりをしても仕方がないので、与えられた環境の中で最善を尽くすしかない。

五　副市町村長の日常

表1－4は、ある日の副市町村長のスケジュールである。もちろん日程の少ない日もあるが、大方、全国の副市町村長はこのような一日を送っているのではないだろうか。ここでは、副市町村長が具体的にどのような日々を送っているのか概説する。

(1)　首長代理としての各種式典への参加、応接対応

自治体には年間を通じて、各種団体等から膨大な数の各種行事、イベント、式典への出席要請がなされるが、首長の体は一つしかないので、副市町村長や幹部職員が代理で出席することになる。

年度初めには入学式、入園式等が開催され、各種団体の総会シーズン、秋のスポーツイベント、年度末の卒業式、卒園式等が行われる時期などは行事が集中する。

副市町村長は基本的には首長の留守を守り、自治体行政の実務面の調整を担わなければならない立場ではある。一方で、首長の代理者としての役目も果たさなければならないので、都合のつく限り、これらの式典にも出席するこ

表１－４　ある日の副市町村長のスケジュール

時　　間	行事内容
08：30～08：45	事例交付
08：45～10：00	入札審査委員会（１号・２号）
10：00～10：30	来庁者対応（行政機関）
10：30～10：45	○○課打ち合せ（○○地区代表者対応事前説明）
10：45～11：15	来庁者（○○地区代表者）
11：15～11：45	○○部打合せ
12：00～13：00	（お昼）
14：00～15：00	議会関係打合せ
15：30～16：00	○○協議会出席（挨拶後退席）
16：00～16：30	来庁者（市内公的団体幹部）
16：30～17：00	○○課打ち合わせ
18：00～19：00	○○運動出発式

とが必要になる。

筆者の経験では、忙しい公務の合間をぬって市長代理で出席した行事で、よく来てくれたと感謝されることもあれば、ときにはなぜ市長が来られなかったのかと落胆され、お詫び申し上げるしかなかったこともある。このあたりがナンバー２の副市町村長の悲哀である。地区の運動会で首長が試走するという一風、変わった慣習のある自治体で、それが嫌なので副市町村長に代理出席をさせていたら、かえって住民の不評を買うことになってしまい、結果的に、首長、副市町村長の出席を取りやめることとした、というような例も存在するようだ。このように副市町村長の代理出席については、地域住民との関係性もあり、ときに微妙な配慮が求められる。

式典では、多くの場合、祝辞や挨拶が求められるのだが、この挨拶が曲者だ。来賓が多数いるにも関わらず、主催者によっては来賓の全員が挨拶するよう進行することがある。そうなると、本題に入る前に、来場者はときには三〇分近くの挨拶を聴かされることもあるので、壇

小学校の入学式で挨拶をする筆者

上からでも辟易している様子が見える。真夏の少年少女が集う野球大会の開会式で、ある来賓がかなりの長時間の挨拶をしたところ、たちまち何名かの子どもたちが貧血で倒れて担ぎ出されていくのを目にした。来賓の挨拶など来場者は期待していないことが分かっていない。

挨拶の内容や長さは、ＴＰＯ、時と場合によって臨機応変に対応しなければならない。祝辞は短く（縮字）、弔辞は長く（長辞）と教えてくれた人がいたが、そのとおりだと思う。ある地元選出の国会議員の祝辞は、ときに「おめでとうございます！」の一言で終わることもあり、来場者の拍手喝采を浴びていた。一方で、弔辞については故人の人生の締めくくりとなる場で読まれるものなので、長くてよいのである。

挨拶文については行事の所管部局や秘書部局で準備をしてくれることが多いが、これをそのまま読んでしまうのも考えものだ。来賓の代理者が「メッセージを預かってきました」と言って、挨拶文を懐から取り出し、端から端まで丁寧に読み上げる光景をよく目にする。何人かの代理者がメッセージの代読をすると、それだけでかなりの時間を費やしてしまう。

筆者は在任中、挨拶を単なる時間の浪費に終わらせず、メッセージを感じてほしい、活きたものにしたい、という思いから、事務方が準備してくれた挨拶文に目を通し、事務方が言ってほしい基本的な内容を頭に入れた上で、挨拶の文面は読まずに、会場で感じたことなどを盛り込み、ライブ感を感じてもらえるようにすることを心がけた。時間にすれば、式典にもよるが、短ければ三〇秒程度、長くとも二分ぐらいで収まるようにしていた。これぐらいの時間でもメッセージは充分に伝わると考えている。

在任中を振り返ってみれば、職務としては辛いことのほうが多かったが、公務で卒業式、卒園式など人生の節目に立ち会わせていただけたのはこの上なく幸運なことであったと思う。出会いと別れ、その後の人生で様々ことを経験するであろう前途を思うと、役目で出席している身であっても感極まってしまうこともあった。

首長不在時に来庁者への応接も重要な役割である。来客者によっては、後刻、首長に意見交換の概略を報告したほうがよい。

(2) 庁内の検討組織、委員会等の座長

副市町村長が担う政策企画機能の関連で、自治体の庁内に置かれる各種の検討組織、委員会等における座長を務めることになる。これらは、副市町村長の充て職となっており、当該組織が廃止されるまで逃れられない任務となる。自治体によって相違していると思うが、副市町村長は以下のような委員会等の座長（委員長、本部長、会長等）を務めることになる。

【総務・内部管理関係】

職員分限懲戒審査委員会、公の施設指定管理者選定委員会、公共施設等総合管理計画推進本部、災害対策特別警

戒本部、入札審査委員会、優良工事施工業者審査委員会、情報セキュリティ委員会、各種公募委員選考委員会　など
【行財政運営関係】
補助金等適正化審査会、ふるさと応援寄附金事業等検討委員会、第三セクター調査検討委員会　など
【まちづくり、教育関係】
総合計画策定委員会、地域協働まちづくり事業検討委員会　など
【市民生活、福祉関係】
一般廃棄物処理業務等許可業者審査委員会、環境保全会議　など
【産業振興、建設関係】
開発事業調整会議、国道利活用会議　など

筆者が在任中は、このような各種委員会等の座長の充て職が五〇近くあった。これら以外にも首長が座長となる組織において、副市町村長が副座長を務めるものも多数存在するので、庁内の各種委員会等に出席するだけで、実働時間のかなりの部分が費やされてしまう。

(3)　政策の企画、意思決定

自治体の組織として政策の方向性を決めるための政策の企画、具体的には各部局の政策の検討や調整は副市町村長が大きな役割を果たさなければならない仕事である。最終的に首長が政策判断できるような状況まで所管の各部局とともに検討し、意見を集約することが必要となる。筆者の勤務していた自治体では副市長の執務室内に打合せスペースがあり、随時、部局の幹部と打合せを行った。

この政策の検討、調整とあわせて、役所の宿命とも言える行政文書の決裁もかなりの数を日々、裁かなければならない。首長の決裁が必要な文書もあれば、副市町村長に委任されているものもある。

筆者が副市長に就任した際、年度初めなどは市長、副市長の執務室前に決裁待ちの職員が長蛇の列となり、まさに〝門前市をなす〟有り様であった。このため、在任中に、業務改善運動を行い、決裁権者を精査し、部局長等への委任を進めた結果、そのような状況を改善することはできた。ただ、それでも、日中、議会などで長時間、離席して自席に戻ると決裁文書の山ができているような状況になってしまう。

筆者は、在任中、行政文書の決裁については何を差し置いても最優先で処理することを心がけていた。それは、とかく行政機関は、仕事に慎重を期するあまり、意思決定まで期間を要してしまうことなどをお役所仕事として批判されることも多く、このような状況を少しでも改善しなければならないと考えていたからである。

担当職員とすれば、決裁文書の戻りが遅ければ、貴重な勤務時間を割いて持ち回らなければならなくなる。それは住民に対して振り向けるべき時間を失うことになるので、行政機関としても損失となる。このようなことから、決裁文書の処理を最優先にしていた。ただし、決裁処理の速度を追い求めるばかり、中身の吟味を疎かにしてはならないことは言うまでもない。心がけさえあれば、膨大な文書の中から、他の文書とは何か違う、注意が必要な文書を見つけ出す技能は自ずと養われる。

⑷　議会対応

二元代表制の両輪である議会への対応も重要な仕事となる。年間四回の定期議会に加え、臨時議会も随時、開催される。筆者の在任中はちょうど新型コロナウイルスの感染が拡大していた時期でもあったので、毎月のように臨時議会が開催された。

定期議会の場合には、代表質問や一般質問が行われるので、議会の開催前に事務方が作成した首長答弁の最終確認を行うのも副市町村長の役目となる。追加質問に備えた想定問答の作成も担当部局に指示したり、内容によっては副市町村長が自ら作成しなければならないものもある。副市町村長の答弁が必要となるような質問に備えて、自分の答弁も準備が必要となる。

自治体では、議会開催前には組織を挙げて相当な準備を行っている。開会中は本会議が開催される日は、首長、副市町村長は他の幹部職員とともにこれに出席し、審議にのぞむことになる。

(5) 副市町村長の執務時間

これまでのところでお分かりいただけたと思うが、必ず行わなければならない仕事をこなすだけで一日はあっという間に過ぎ去る。筆者は就任してすぐにあることに気がづいた。続々と組み込まれる行事や会議への出席、山のような決裁などの事務処理に対応するだけで何か仕事をしている気になってしまい、住民生活の向上に寄与することは何もしていないのではないか、ということである。さらに、これらの業務に加え、組織であるから様々なトラブルも発生するので、これへの対処にもかなりの時間が割かれてしまう。このような仕事に忙殺されて四年間の任期を終えてしまうのは、大変、恐ろしいことのように感じた。

そこで、このように考えるに至った。これまで述べたような仕事に割かれる時間に加えて、何としても住民生活の向上、組織のパフォーマンスの向上など、地域や組織を良くすることのために割く時間を確保しなければならないということである。

この時間を確保するためには効率的な時間管理が必要となる。同じようなメンバーが集うような会議を連続して開催するなどの工夫をすれば、出席者の時間を有効に使用することにもつながる。しかし、このような努力だけではどうしても時間が足りない。そのため、筆者の場合は通常の執務時間の前後、つまり、早朝と夕方に確保することとした。幸か不幸か特別職の副市町村長には一般職員の勤務時間は適用されない。ただ、子育てなどの家庭生活との両立も必要になるので、筆者の場合には早朝の時間を大切にした。

副市町村長の職務を務めるためには、効率的な時間管理、タイムマネジメントが必要になる。古来より光陰矢の如しと言われるように一日はあっという間に終わる。限られた任期を世の中に少しでもプラスになる仕事、世の中を良くするための仕事をするために使っていくことに留意が必要だ。

第三節　法的な位置づけ

副市町村長の職務の概略を述べたが、ここでは法的な位置づけを確認する。

一　特別職という身分

地方公務員法において、副市町村長に関係する規定は表１－５の条文である（主な条文のみ）。また、地方自治法においては、副市町村長について表１－６のように規定されている（主な条文のみ。表１－３と一部重複）。

これらの規定のとおり、副市町村長は特別職に位置づけられているため、一般職と違い、首長や議員と同様、地

表1－5　地方公務員法（抄）

（一般職に属する地方公務員及び特別職に属する地方公務員）
§3　地方公務員（略）の職は、一般職と特別職とに分ける。
2　一般職は、特別職に属する職以外の一切の職とする。
3　特別職は、次に掲げる職とする。
一　就任について公選又は地方公共団体の議会の選挙、議決若しくは同意によることを必要とする職
一の二～六　（略）

（この法律の適用を受ける地方公務員）
§4　この法律の規定は、一般職に属するすべての地方公務員（以下「職員」という。）に適用する。
2　この法律の規定は、法律に特別の定がある場合を除く外、特別職に属する地方公務員には適用しない。

表1－6　地方自治法（抄）

第3款　補助機関
§161　都道府県に副知事を、市町村に副市町村長を置く。ただし、条例で置かないことができる。
②　副知事及び副市町村長の定数は、条例で定める。
§162　副知事及び副市町村長は、普通地方公共団体の長が議会の同意を得てこれを選任する。
§163　副知事及び副市町村長の任期は、4年とする。ただし、普通地方公共団体の長は、任期中においてもこれを解職することができる。
§167　副知事及び副市町村長は、普通地方公共団体の長を補佐し、普通地方公共団体の長の命を受け政策及び企画をつかさどり、その補助機関である職員の担任する事務を監督し、別に定めるところにより（＊筆者注：第153条）、普通地方公共団体の長の職務を代理する。
②　前項に定めるもののほか、副知事及び副市町村長は、普通地方公共団体の長の権限に属する事務の一部について、第153条第1項の規定により委任を受け、その事務を執行する。
③　前項の場合においては、普通地方公共団体の長は、直ちに、その旨を告示しなければならない。

＊§153　普通地方公共団体の長は、その権限に属する事務の一部をその補助機関である職員に委任し、又はこれに臨時に代理させることができる。

方公務員法が適用されることはない。労働条件は地方公務員法に規定があるものを除き、労働基準法が適用されることになる。副市町村長は一般職の公務員とは違って身分保障はなく、首長はいつでも罷免することが可能である。

副市町村長が事務方のトップということでは中央省庁の事務次官に近似した位置づけとして捉えられることもあるが、意外に思われる方もいるかも知れないが、事務次官は一般職であり、国家公務員法により身分保障がなされている。副市町村長が特別職となっていることは極めて重く受け止めなければならない。一般職の職員と特別職の間には、特別職が地方公務員法の規定が原則として適用されないことなどにより、任用面や勤務条件に相違するところがでてくる。

二　任　期

一般職の職員は任期の定めはないが、副市町村長は地方自治法において任期は四年と定められている。ただし、首長の意向でいつでも解職が可能となっていることからみても、任期はあってないようなものであり、その進退については首長とともにある職だと認識すべきだ。

もし、副市町村長在任中に首長が交代した場合には、たとえ任期中であっても長とともに職を辞するのが通常の身の処し方となる。後任の首長から当面、残留するよう要請があるかもしれないが、その職務の特殊性に鑑みれば、後任首長の就任時に辞表を提出し、然るべく事務の引継ぎなど身辺を整理した上で、身を引くのが原則であろう。

首長が交代するタイミングに当たった副市町村長は微妙な立場に置かれる。後任の首長が前任の後継者のような位置づけの場合や副市町村長が国や都道府県から派遣されている場合にはあまり問題はないかもしれないが、仮にそうであっても首長と副市町村長は一心同体の立場として見做されているので、進退伺を提出し、けじめをつけることが必要となる。

三　勤務条件、労働条件

副市町村長に休日はない。

この職に就くということは公に身を捧げるということを意味する。ゆえに、任期中は実質的には個人の自由な時間などないものと同然となる。このことは覚悟しなければならない。この覚悟ができない者は就任すべきではない。

特別職には地方公務員法が原則として適用されないことから、一般職と違って勤務時間というものは存在しない。戦前の官吏のように忠実無定量、つまり一日二四時間、三六五日のすべてが勤務時間ということになるので、出勤簿やタイムカードのようなものは基本的には必要とされない。

ただし、これでは命をつなぐために最低限、必要な休息をとることもできないので、一般職の職員に準じた勤務時間帯に登庁し、職務に当たることになる。ウィークデーは毎日、登庁し、そこにいることが求められる職なのである。

冠婚葬祭など家庭の都合や通院などで出勤することができない場合には、秘書部局に不在となることを伝え、庁内に周知をしてもらう必要がある。

夏季休暇については、一般職員と同様、リフレッシュや政策研究に充てるため数日、休むことは社会通念上、許容されるであろう。

表１−７　一般職と特別職の相違点

区　　分	一　般　職	特　別　職（副市町村長）
任　　用	成績主義（メリットシステム）が適用（採用試験による採用、人事評価による昇任）	成績主義が非適用、自由任用（首長が議会の同意を得て選任）
任　　期	終身職（定年までの雇用）	４年間
地方公務員法の適用	適用	非適用
身分保障	あり（地方公務員法に定める事由によらなければ降任、免職されない）	なし（任期中であっても首長が解職可能）
政治的行為	地方公務員法による以下の制限あり ・政治的団体の結成、役員への就任等（全区域） ・特定の政党、自治体の執行機関の支持等（自治体区域） ・選挙における勧誘行動、署名運動等（自治体区域）	制限はなし
勤務時間	地方公務員法に基づき条例で規定	なし
公職選挙法の適用	適用（地位を利用した選挙運動の禁止）	適用（地位を利用した選挙運動の禁止）

四　その他の特色・特殊性

一般職の職員は地方公務員法の適用を受けるので政治的行為は制限されている。一方で、特別職の副市町村長には同法の政治的行為の規定は適用されないことから、この点においては制限は緩和されていると言える。ただし、特別職だからといって、あらゆる政治的行為の制約がなされないわけではない。この点については後述する（第七章）。

一般職の職員との主な相違点は表１－７のような点にある。

【参考文献】

（第一節）

・大森彌（二〇〇八）『変化に挑戦する自治体―希望の自治体行政学―』第一法規。
・国立国会図書館ｗｅｂサイト、第二八次地方制度調査会第九回専門小委員会「資料四　長を補佐する機関及び出納機関について」（二〇〇四年一〇月一四日）。https://warp.da.ndl.go.jp/info:ndljp/pid/235321/www.soumu.go.jp/singi/No28_senmon_9.html
・新藤宗幸（二〇〇四）『分権と改革―時代の文脈を読む―』世織書房。
・新藤宗幸（二〇一三）『教育委員会―何が問題か―』岩波新書。
・全国都道府県議会議長会ｗｅｂサイト、第三次都道府県議会制度研究会「今こそ地方議会の改革を―都道府県議会制度研究会中間報告―」（二〇〇五年三月一八日）。https://www.gichokai.gr.jp/attach/b13/report_170318.pdf
・総務省ｗｅｂサイト、地方議会・議員のあり方に関する研究会　第六回「地方議会・議員のあり方に関する研究会　資料」（二〇二〇年三月二四日）。https://www.soumu.go.jp/main_content/000677857.pdf
・内閣府ｗｅｂサイト、第二八次地方制度調査会「地方の自主性・自律性の拡大及び地方議会のあり方に関する答申」（二〇〇五

年一二月九日)。https://www.cao.go.jp/bunken-suishin/doc/archive-20051209.pdf
・西尾勝（二〇〇七）『行政学叢書五　地方分権改革』東京大学出版会。
・Ｐ・Ｆ・ドラッカー著、上田惇生訳（一九九九）『明日を支配するもの―二一世紀のマネジメント革命―』ダイヤモンド社。
・穂坂邦夫監修、赤川貴大編著、東京財団「日本型シティマネージャーを導入する研究会」著（二〇〇八）『シティマネージャー制度論―市町村長を廃止する―』埼玉新聞社。

第二章　副市町村長の定数、キャリアパス

副市町村長の定数については、地方自治法第一六一条第二項において、各自治体の条例で定めることとされており、自治体の判断に委ねられている。ここでは国（総務省）の調査などをもとに、定数と現員（実員）が現実にはどうなっているのか、どのような人材が登用されているのか確認する。

第一節　定数・配置の状況

一　複数の副市町村長の配置

我が国には、現在（二〇二二年四月一日現在）、一七一八の市町村がある（これに東京都特別区を含めると一七四一の市区町村ということなる）。

このうち、総務省の「副知事・副市町村長の定数に関する調」（二〇二二、以下「定数調」という）によれば、条例で複数の副市町村長（東京都特別区の副区長を除く）を置くこととしているのは三五一ある。これは全体（一七一八）の約二割に当たる。

表2－1は、定数調を基に作成した条例上、複数の副市町村長の定数が設けられている自治体の一覧である。

表２－１　副市町村長の定数・現員

（2021 年４月１日現在、単位：人）

都道府県名	市町村名	副市町村長の定員	副市町村長の現員	人　口
北海道	札幌市	3	3	1,961,575
	函館市	2	2	251,891
	旭川市	2	2	331,397
	室蘭市	2	2	81,579
	釧路市	2	2	165,667
	帯広市	2	2	165,670
	岩見沢市	2	2	79,352
	苫小牧市	2	2	83,313
	士別市	2	2	18,134
	滝川市	2	1	39,264
	八雲町	2	2	15,673
	東川町	2	2	8,437
	美瑛町	2	1	9,775
	豊富町	2	1	3,823
	白老町	2	2	7,772
	喜茂別町	0	0	2,131
	※小樽市は人口 112,450 人であるが、定数は１である			
	※北見市は人口 115,435 人であるが、定数は１である			
	※江別市は人口 119,815 人であるが、定数は１である			
青森県	青森市	2	1	278,446
	八戸市	2	2	225,845
	むつ市	2	1	55,931
	※弘前市は人口 168,479 人であるが、定数は１である			
岩手県	盛岡市	2	2	286,820
	宮古市	2	2	50,562
	大船渡市	2	1	35,107
	花巻市	2	2	94,438
	一関市	2	1	113,604
	釜石市	2	1	32,176
	奥州市	2	2	114,644
	大槌町	2	1	11,417

都道府県名	市町村名	副市町村長の定員	副市町村長の現員	人　　口
岩手県	岩泉町	2	1	8,870
	洋野町	2	2	16,032
宮城県	仙台市	3	2	1,065,932
	石巻市	2	1	140,824
	気仙沼市	2	2	61,445
	名取市	2	2	79,655
	登米市	2	1	77,392
	東松島市	2	2	39,588
	大崎市	2	2	128,297
	女川町	2	2	6,232
秋田県	秋田市	2	2	305,390
	横手市	2	2	87,452
	大館市	2	1	70,423
	由利本荘市	2	2	75,040
	大仙市	2	2	79,241
	北秋田市	2	1	30,864
山形県	※山形市は人口 243,684 人であるが、定数は 1 である			
	※鶴岡市は人口 124,003 人であるが、定数は 1 である			
	※酒田市は人口 100,172 人であるが、定数は 1 である			
福島県	福島市	2	2	275,646
	郡山市	2	2	321,394
	いわき市	2	2	318,490
	田村市	2	1	35,653
	南相馬市	2	1	59,018
	富岡町	2	2	12,374
	大熊町	2	2	10,265
	浪江町	2	2	16,718
茨城県	水戸市	3	2	271,380
	日立市	2	2	175,366
	土浦市	2	2	141,371
	古河市	2	1	142,260
	つくば市	2	2	241,809
	鹿嶋市	2	1	67,416

都道府県名	市町村名	副市町村長の定員	副市町村長の現員	人　　口
茨城県	東海村	2	1	38,376
	利根町	0	0	15,862
	※取手市は人口 107,236 人であるが、定数は 1 である			
	※ひたちなか市は人口 158,015 人であるが、定数は 1 である			
	※筑西市は人口 193,243 人であるが、定数は 1 である			
栃木県	宇都宮市	2	1	521,104
	足利市	2	1	146,016
	佐野市	2	2	117,358
	大田原市	2	2	70,482
	那須塩原市	2	2	117,143
	※栃木市は人口 158,397 人であるが、定数は 1 である			
	※小山市は人口 167,888 人であるが、定数は 1 である			
群馬県	前橋市	2	2	335,055
	高崎市	2	2	372,189
	中之条町	2	1	15,553
	長野原町	2	2	5,425
	上野村	0	0	1,136
	南牧村	0	0	1,717
	※桐生市は人口 108,330 人であるが、定数は 1 である			
	※伊勢崎市は人口 213,274 人であるが、定数は 1 である			
	※太田市は人口 224,217 人であるが、定数は 1 である			
埼玉県	さいたま市	3	3	1,324,589
	川越市	2	2	353,260
	川口市	2	2	607,373
	所沢市	2	1	344,216
	本庄市	2	1	77,900
	春日部市	2	2	233,391
	草加市	2	1	250,225
	三郷市	2	2	142,926
	※狭山市は人口 149,826 人であるが、定数は 1 である			
	※鴻巣市は人口 117,995 人であるが、定数は 1 である			
	※深谷市は人口 142,803 人であるが、定数は 1 である			
	※上尾市は人口 229,517 人であるが、定数は 1 である			

都道府県名	市町村名	副市町村長の定員	副市町村長の現員	人　　口
埼玉県	※越谷市は人口345,482人であるが、定数は1である			
	※戸田市は人口141,033人であるが、定数は1である			
	※入間市は人口147,162人であるが、定数は1である			
	※朝霞市は人口143,195人であるが、定数は1である			
	※新座市は人口166,208人であるが、定数は1である			
	※久喜市は人口152,506人であるが、定数は1である			
	※富士見市は人口112,211人であるが、定数は1である			
	※坂戸市は人口100,612人であるが、定数は1である			
	※ふじみ野市は人口114,557人であるが、定数は1である			
千葉県	千葉市	3	2	974,726
	市川市	2	2	491,764
	船橋市	2	2	644,966
	松戸市	2	2	498,457
	成田市	2	2	131,833
	佐倉市	2	1	173,619
	柏市	2	1	428,587
	市原市	2	2	273,771
	浦安市	2	2	169,918
	※木更津市は人口136,034人であるが、定数は1である			
	※野田市は人口154,140人であるが、定数は1である			
	※習志野市は人口175,197人であるが、定数は1である			
	※流山市は人口200,309人であるが、定数は1である			
	※八千代市は人口202,176人であるが、定数は1である			
	※我孫子市は人口131,644人であるが、定数は1である			
	※鎌ケ谷市は人口109,943人であるが、定数は1である			
	※我孫子市は人口131,644人であるが、定数は1である			
	※印西市は人口105,772人であるが、定数は1である			
東京都	八王子市	2	2	561,828
	立川市	2	2	184,577
	武蔵野市	2	2	147,643
	三鷹市	2	2	190,126
	府中市	2	2	260,255
	昭島市	2	1	113,552

都道府県名	市町村名	副市町村長の定員	副市町村長の現員	人　　口
東京都	調布市	2	2	237,815
	町田市	2	2	429,152
	小金井市	2	1	123,828
	小平市	2	1	195,543
	東村山市	2	2	151,575
	国分寺市	2	2	126,862
	東久留米市	2	1	117,007
	多摩市	2	2	148,479
	西東京市	2	0	206,047
	※青梅市は人口 132,145 人であるが、定数は１である			
	※日野市は人口 187,027 人であるが、定数は１である			
神奈川県	横浜市	4	4	3,759,939
	川崎市	3	3	1,521,562
	相模原市	3	3	718,601
	横須賀市	2	2	396,992
	平塚市	2	2	256,652
	鎌倉市	2	2	177,053
	藤沢市	2	2	439,416
	小田原市	2	2	189,425
	茅ヶ崎市	2	2	244,475
	秦野市	2	2	160,415
	厚木市	2	1	223,710
	大和市	2	2	240,998
	伊勢原市	2	1	100,213
	海老名市	2	2	136,134
	※座間市は人口 131,845 人であるが、定数は１である			
新潟県	新潟市	3	2	784,774
	長岡市	2	2	266,344
	新発田市	2	1	96,236
	加茂市	2	1	26,137
	見附市	2	1	39,908
	上越市	2	2	189,282
	魚沼市	2	1	35,164

都道府県名	市町村名	副市町村長の定員	副市町村長の現員	人　　口
新潟県	南魚沼市	2	2	55,354
富山県	富山市	2	2	414,102
	黒部市	2	1	40,808
	※高岡市は人口 168,956 人であるが、定数は１である			
石川県	金沢市	2	2	451,018
	小松市	2	1	107,722
	加賀市	2	1	65,307
	白山市	2	2	113,496
	能美市	2	1	49,905
	志賀町	2	1	19,552
福井県	福井市	2	1	261,619
	敦賀市	2	2	64,970
	大野市	2	1	32,329
山梨県	甲府市	2	2	187,048
	富士吉田市	2	1	48,183
	市川三郷町	0	0	15,499
	南部町	0	0	7,435
	西桂町	0	0	4,193
	小菅村	0	0	706
長野県	長野市	2	1	374,038
	松本市	2	2	237,970
	岡谷市	2	1	48,825
	飯綱町	2	1	10,854
	青木村	0	0	4,333
	※上田市は人口 155,595 人であるが、定数は１である			
岐阜県	岐阜市	2	2	407,387
	各務原市	2	2	146,961
	川辺町	0	0	10,110
	※大垣市は人口 160,794 人であるが、定数は１である			
	※多治見市は人口 109,543 人であるが、定数は１である			
	※可児市は人口 101,557 人であるが、定数は１である			
静岡県	静岡市	2	2	694,296
	浜松市	3	3	799,966

都道府県名	市町村名	副市町村長の定員	副市町村長の現員	人　　口
静岡県	沼津市	2	2	193,375
	熱海市	2	2	36,036
	三島市	2	2	109,051
	富士宮市	2	2	131,223
	伊東市	2	1	67,718
	島田市	2	2	97,748
	富士市	2	2	252,243
	焼津市	2	2	138,921
	掛川市	2	0	116,907
	藤枝市	2	2	144,096
	御殿場市	2	2	87,687
	裾野市	2	1	51,085
	※磐田市は人口 169,274 人であるが、定数は１である			
	※多治見市は人口 109,543 人であるが、定数は１である			
愛知県	名古屋市	3	3	2,300,949
	豊橋市	2	2	375,329
	岡崎市	2	2	386,252
	春日井市	2	2	310,991
	豊川市	2	2	186,783
	津島市	2	1	61,724
	刈谷市	2	2	152,598
	豊田市	2	2	422,225
	安城市	2	1	190,143
	西尾市	2	1	171,423
	常滑市	2	1	59,010
	小牧市	2	2	152,249
	東海市	2	1	114,672
	大府市	2	2	92,986
	知多市	2	2	85,302
	田原市	2	1	60,895
	※一宮市は人口 384,233 人であるが、定数は１である			
	※瀬戸市は人口 129,166 人であるが、定数は１である			
	※半田市は人口 119,418 人であるが、定数は１である			

都道府県名	市町村名	副市町村長の定員	副市町村長の現員	人　口
愛知県	※江南市は人口 100,239 人であるが、定数は 1 である			
三重県	津市	2	2	276,072
	四日市市	2	2	311,347
	伊勢市	2	2	124,426
	松阪市	2	2	161,998
	桑名市	2	1	141,291
	鈴鹿市	2	2	199,091
	菰野町	2	0	41,643
滋賀県	大津市	2	2	344,218
	草津市	2	2	135,850
	※彦根市は人口 112,546 人であるが、定数は 1 である			
	※長浜市は人口 116,840 人であるが、定数は 1 である			
	※東近江市は人口 113,642 人であるが、定数は 1 である			
京都府	京都市	3	3	1,400,720
	福知山市	2	2	77,061
	舞鶴市	2	2	80,910
	宇治市	2	1	184,995
	亀岡市	2	1	87,847
	城陽市	2	2	75,734
	向日市	2	1	57,316
	長岡京市	2	2	81,061
	八幡市	2	2	70,398
	京田辺市	2	0	70,513
	京丹後市	2	2	53,674
	精華町	2	1	37,131
	京丹波町	2	1	13,616
大阪府	大阪市	3	3	2,739,963
	堺市	3	3	831,481
	岸和田市	2	2	192,736
	豊中市	2	2	409,396
	池田市	2	2	103,712
	吹田市	2	2	376,101
	高槻市	2	2	351,082

都道府県名	市町村名	副市町村長の定員	副市町村長の現員	人　　口
大阪府	貝塚市	2	2	85,120
	守口市	2	1	143,536
	枚方市	3	2	399,690
	茨木市	2	2	283,233
	八尾市	2	2	265,269
	泉佐野市	2	2	99,661
	富田林市	2	2	109,994
	寝屋川市	2	1	230,463
	河内長野市	2	2	103,332
	松原市	2	2	118,721
	和泉市	2	2	185,181
	箕面市	2	2	138,890
	橿原市	2	1	68,320
	羽曳野市	2	2	110,106
	門真市	2	2	120,536
	摂津市	2	2	86,740
	高石市	2	2	57,540
	藤井寺市	2	2	64,200
	東大阪市	3	3	485,928
	交野市	2	1	77,614
	大阪狭山市	2	2	58,705
	豊能町	2	1	19,093
	岬町	2	2	15,421
	※大東市は人口 119,452 人であるが、定数は 1 である			
兵庫県	神戸市	3	3	1,526,835
	姫路市	2	2	534,127
	尼崎市	2	2	462,820
	明石市	2	2	304,382
	西宮市	2	2	484,204
	洲本市	2	2	42,781
	豊岡市	2	2	79,897
	加古川市	2	2	263,134
	宝塚市	2	2	233,499

都道府県名	市町村名	副市町村長の定員	副市町村長の現員	人　　口
兵庫県	小野市	2	2	48,146
	三田市	2	2	110,863
	淡路市	2	2	43,131
	※伊丹市は人口 203,509 人であるが、定数は 1 である			
	※川西市は人口 156,204 人であるが、定数は 1 である			
奈良県	奈良市	2	2	354,721
	大和郡山市	2	2	85,308
	※橿原市は人口 121,444 人であるが、定数は 1 である			
	※生駒市は人口 118,916 人であるが、定数は 1 である			
和歌山県	和歌山市	2	2	365,166
	田辺市	2	2	71,947
	紀の川市	2	1	61,094
	岩出市	2	1	53,995
	北山村	0	0	427
鳥取県	鳥取市	2	1	185,890
	日吉津村	0	0	3,554
	※米子市は人口 147,536 人であるが、定数は 1 である			
島根県	松江市	3	3	200,772
	出雲市	2	1	174,684
	安来市	2	1	37,740
	古賀町	2	1	6,139
岡山県	岡山市	2	2	708,155
	倉敷市	2	2	481,537
	津山市	2	1	99,821
	新見市	2	1	28,396
	赤磐市	2	1	43,925
	浅口市	2	1	33,965
	和気町	2	1	13,867
広島県	広島市	3	2	1,194,817
	呉市	2	2	217,690
	三原市	2	2	92,009
	尾道市	2	2	134,320
	福山市	2	2	466,863

都道府県名	市町村名	副市町村長の定員	副市町村長の現員	人　　口
広島県	三次市	2	2	51,234
	庄原市	2	2	34,208
	東広島市	2	2	189,369
	廿日市市	2	2	117,045
	安芸高田市	2	1	28,044
	江田島市	2	1	22,356
山口県	下関市	2	2	257,553
	山口市	2	1	190,663
	萩市	2	0	45,508
	※宇部市は人口163,112人であるが、定数は1である			
	※防府市は人口115,405人であるが、定数は1である			
	※岩国市は人口132,187人であるが、定数は1である			
	※周南市は人口140,998人であるが、定数は1である			
徳島県	徳島市	2	2	252,093
	阿南市	2	1	71,790
	阿波市	2	2	36,581
	美馬市	2	2	28,367
	那賀町	2	2	7,916
	北島町	2	1	23,281
	藍住町	2	2	35,484
	板野町	2	1	13,353
	上板町	2	1	11,778
	東みよし町	2	1	14,066
香川県	高松市	2	2	426,260
	小豆島町	2	1	14,219
	※丸亀市は人口112,622人であるが、定数は1である			
愛媛県	松山市	2	2	509,483
	宇和島市	2	1	73,067
	新居浜市	2	2	117,846
	西条市	2	1	108,025
	四国中央市	2	1	85,450
	松前町	2	1	30,622
	※今治市は人口156,254人であるが、定数は1である			

都道府県名	市町村名	副市町村長の定員	副市町村長の現員	人　　口
高知県	高知市	2	2	325,218
	南国市	2	2	46,941
	四万十市	2	2	33,333
	黒潮町	2	2	10,859
福岡県	北九州市	3	3	944,712
	福岡市	3	3	1,562,767
	大牟田市	2	2	111,967
	久留米市	2	2	304,666
	飯塚市	2	2	127,552
	八女市	2	2	61,994
	行橋市	2	2	73,045
	福津市	2	0	67,257
	新宮町	2	2	33,690
	※筑紫野市は人口104,616人であるが、定数は1である			
	※春日市は人口113,313人であるが、定数は1である			
	※大野城市は人口101,950人であるが、定数は1である			
	※糸島市は人口102,547人であるが、定数は1である			
佐賀県	佐賀市	2	2	231,648
	唐津市	2	2	119,869
	鳥栖市	2	1	73,983
	武雄市	2	1	48,637
長崎県	長崎市	2	2	411,505
	佐世保市	2	2	246,441
	諫早市	2	2	135,869
	大村市	2	1	97,336
	対馬市	3	1	29,663
	壱岐市	2	1	25,977
	長与町	2	1	41,369
	新上五島町	2	1	18,484
熊本県	熊本市	2	2	732,702
	八代市	2	1	125,470
	宇城市	2	1	58,351
	嘉島町	0	0	9,766

都道府県名	市町村名	副市町村長の定員	副市町村長の現員	人　　口
熊本県	相良村	0	0	4,260
	五木村	0	0	1,033
大分県	大分市	3	2	478,463
	別府市	2	2	115,008
	中津市	2	1	83,808
	佐伯市	2	2	69,606
	臼杵市	2	1	37,610
	宇佐市	2	1	54,845
宮崎県	宮崎市	2	2	402,038
	都城市	2	2	163,571
	延岡市	2	2	120,924
鹿児島県	鹿児島市	2	2	601,546
	鹿屋市	2	2	102,200
	出水市	2	1	53,097
	指宿市	2	1	39,763
	薩摩川内市	2	2	93,581
	曽於市	2	2	34,853
	霧島市	2	2	124,993
	奄美市	2	1	42,622
	姶良市	2	1	77,711
	長島町	2	1	10,219
沖縄県	那覇市	2	2	320,467
	名護市	2	1	63,724
	沖縄市	2	2	142,973
	※宜野湾市は人口100,462人であるが、定数は1である			
	※浦添市は人口115,548人であるが、定数は1である			
	※うるま市は人口125,338人であるが、定数は1である			

出典）総務省「副知事・副市町村長の定数に関する調」（2021年4月1日現在）。「人口」は2021年総務省人口動態統計調査（2021年4月1日現在）

注）1）定数が1以外（定数0、2以上）の自治体のみ記載（東京都23区を除く）

2）参考情報として定数が0の自治体、人口100,000人以上で定数1の市を掲載また、参考情報として、現員（配置実員）のほか、定数が「〇」（零）の自治体と人口一〇万人以上の市で定数を一としている自治体を記した。

こうして定数と人口と対比して見ると都道府県内で傾向や特徴のようなものがあることが見て取れる。

県庁所在市では一例を除き、条例上の定数を二人ないし三人、神奈川県横浜市の四人を最多とする複数制が敷かれており、また、「人口一〇万人」程度が条例上の定数を複数とする一つの目安として捉える傾向が見られる。

ただ、そういった自治体でも人口一〇万人を大きく下回っている場合には一名の現員配置としているところが多い。

そういった中で、埼玉県、千葉県、神奈川県という首都圏近郊においては条例上の定員を複数とする目安の人口が概ね一五万人程度にあると考えられているのではないかと推察される。

個別に見ていくと、山形県では人口二〇万人を超える県庁所在市の山形市を含め、すべての市町村で定数が一となっている。

定数がすべての自治体で一なのは全国で山形県だけである。

これは藩政時代に石高を大きく減らされるなど藩の経営が困窮する中で藩主が率先して一汁一菜の食生活を送り質素倹約に務めるなどして藩財政の建て直しを図った米沢藩の伝統が残っているのであろうか。

岩手県、宮城県、福島県では、人口の必ずしも多くない市町において条例上の定数、現員ともに複数制が敷かれている。これは東日本大震災からの復興に伴う行財政需要の増加に起因している。

北海道、京都府、徳島県などでは、比較的小規模な自治体でも条例、現員ともに複数制を敷いている傾向が見て取れる。

複数制を敷くかどうかは、人口だけで判断されるものではなく、また、条例上の定数に関わらず現員を条例定数どおりに配置するかどうかはそのときの首長の判断などによるので、全国一律の考え方が存在するわけではない。市町村域の面積、行政需要、経営状況、地理的要因による災害の多寡など自治体特有の行政需要などを踏まえて総合的に判断されるものである。

複数の副市町村長を置くメリットは、例えば人口の多い市町村では行政組織の規模が大きくなることや、組織が大きくなれば日常的に捌かなければならない行政課題も増加するため、複数の副市町村長を置き、庁内の組織を分担管理させ、首長の負担を軽減させることが可能になることなどが挙げられる。

ときに、複数の副市町村長を置けば、自治体の事務能率が格段に向上し、その結果、地域は間違いなく発展する、といったような現実離れした主張が展開されることがある。しかし、世の中はそう単純なものではない。

副市町村長の一名分の行政コストは本人分の人件費に加え、事務部門におけるそれなりの補佐体制も必要になる。普通交付税の算定のベースになっている標準団体（一〇万人）の人口を大きく下回る自治体では交付税措置を超えた配置をする場合には、何らかの歳出を削減するなど独自財源を充当しなければならない。山形県内の自治体の実情と照らし合わせてみても、人口五万人未満の自治体における複数の市町村長の配置はよほどの行政需要の増加などが見込まれない限り、抑制的であるべきである。

一方で、小規模自治体において定数自体を〇にしているところも散見される。

副市町村長を置かないことは人件費の節約にもつながり、たしかに財政上の余力は生じることになる。しかし、自治体の権限と責任が拡大し、行政需要が複雑多様化する中で、首長一人がすべてを決めてしまうことになるなど、首長に過度に権限が集中することに伴う弊害が生じてしまうおそれがある。さらに、危機管理の観点や職務代理の体制上、万全を期すことは困難となる。

理想とする人材が得られないなど様々な理由はあろうが、自治体の危機管理の面からも、やはり可能な限り、首長の代理者である副市町村長は配置すべきだ。

筆者は人口一〇万人未満の自治体において一人で副市長をしていたが、他の自治体の副市町村長から、一人だから誰にも気兼ねすることなく決断ができて羨ましいという意見や、別の自治体では二人の副市町村長がいるがお互いに遠慮をして、結局、どちらもなすべき仕事ができていない、あるいは、二人も副市町村長がいるのに大切な会合にどちらも出席してくれなかった、といったような定数や現員にまつわる様々な意見を耳にすることがあった。

副市町村長が一人の場合、首長が捌き切れずに代理出席をしなければならない式典やイベントが立て込むと、庁内の業務の調整やトラブル対応などに追われながら、挨拶や会合への出席のための外回りにも出かけなければならない。こういうときに、イベントや会合出席を専門に担当してくれる副市長がもう一人いれば大いに助かると思わないでもなかった。

ただ、式典等の主催者とすれば多忙な公務の合間に自分たちのために時間を割いて首長や副市町村長が出席してくれたことを評価してくれるのであって（もっとも、イベント等に政治家や自治体首長が出席することに満足感を感じる主催者側のマインドセットや自治体側もどの程度まで各種イベント等への首長等の出席に応じるかという問題もあるのだが）、式典等への参加を専門に行う副市町村長が出席したところでこれを評価してくれることはないであろうから、筆者の夢想に留めておくべきことであろうと思い直した。

二　複数の副市町村長を置いた場合の事務分担

複数の副市町村長を置いている自治体においては、一人は組織内のプロパー人材から登用した人物を充て、他は中央省庁からの出向官僚や都道府県からの派遣人材を充てるケースが多い。

その場合、内部登用の人材には人事や財政などの内部管理的な業務（自治体経営の上では中核的な業務ということもできる）を担当させ、外部人材には出身省庁の業務に関連した部局を中心に（例えば、国土交通省出身であれば自治体の建設部局を担当させるといったことになる）、いくつかの部署を所掌させたり、観光物産関係のイベントの多い部署など外回り的な業務を担わせるという分担がなされることが多いように思う。

このような外部人材に期待されるのは出身省庁の事業に関連する分野を担当させることで、予算の獲得や事業の促進を円滑ならしめることや、地域の内外への情報発信などになる。首長によっては、国の人材を部下に置いていることで、国とのパイプの太さを誇示することができることをメリットとして考えている場合もあるであろう。

なお、複数の副市町村長を配置する場合には、事務分担や首長の職務代理の序列等を規則等で定める必要がある。ただ、事務分担を定めた場合であっても、重要な計画や方針の策定などについては副市町村長の所掌に関わらず全員の決裁を必要としているケースが多い。その際、留意しなければならないのは、片方の副市町村長の指示を反映して取りまとめた内容に対して、もう一方の副市町村長から異なる意見が出され、意思決定に支障を来たすような事態が生じてしまうことである。こうなると間に挟まった職員は溜まったものではないが、職員からは、もう一方の副市町村長から別の見解を示されているとは言い出しにくい。このような場合をあらかじめ想定し、意思決定過程が重複する事務分野については副市町村長間で相互に意見交換を行い、調整するといったような配慮が必要となる。

表2－2　新潟県上越市の副市長・政策諮問委員を巡る動き

新潟県上越市　2021年12月議会市長定例記者会見資料（抄）
「上越市副市長定数条例の一部改正について」（抄）
1　改正理由
　公約をはじめとする重要な政策テーマの推進体制を構築するため、副市長の定数を4人とするもの。
2　改正内容
　副市長の定数を2人から4人に改める。

【参考】各副市長の主な担任事務
・総務、財務ほか他の副市長の担任分野以外の事務に関すること。
・地域自治の推進、防災・災害対策に関すること。
・健康づくり・福祉に関すること。
・歴史文化をいかした通年観光、産業振興に関すること。

新潟県上越市議会『じょうえつ市議会だより　かけはし』（2022年2月号）「常任委員会の審査」（抄）

「副市長4人体制を構築する条例改正案　委員会で否決に」

問　4人の副市長の枠を作り、中身を後から入れるというやり方では、順番が間違っているのではないか。

答　最初にトップマネジメントとなる部分を決定した後、組織づくりをしていきたいと考えている。

問　条例の改正は急いで行わずに、慎重に進めるべきではないか。

答　組織の改正と副市長定数条例の一部改正を同時に提案した場合、どちらかが否決されると組織が成立しなくなるため、副市長定数を先に提案した。

↓

採決の結果、賛成者はなく、条例改正案は否決すべきものと決しました。

「常任委員会審査後の市長の対応と議案の動き」
1　副市長の定数を2人から4人に増員する条例改正案
↓
・本会議でも否決・副市長の体制や担任分野等は行政組織の在り方とともに、新年度に設置する人事改革プロジェクトと合わせて時間をかけて検討する。
2　副市長一人の同意案
↓
・4人体制を前提としていたため、提案を取りやめ。
3　政策諮問委員の報償金等を含む補正予算案
↓
・総務常任委員会が可決した組み替え動議を受け、市長から当該予算を削除する補正予算案の訂正がなされ、本会議で議決。

新潟県上越市議会総務常任委員会【所管事務調査】資料（抄）2023年2月20日
・意見：副市長4人制等の検討経緯を整理して欲しい。
・対応等：
■副市長4人制
・当市に山積する様々な課題に分野横断的かつ迅速・的確に対応するとともに、公約に基づくプロジェクト等を着実に推進していくため、市長がマネジメントできる範囲として副市長を4人置くことによって、組織の連携と機動性、専門性の向上に資する組織内分権を図るとともに、市長が先頭に立ってシティプロモーションを推進していく体制を作るための制度として、提案・説明してきた。
・しかしながら、これまでの所管事務調査や9月定例会における議会との議論や、様々な場面で市民の声をお聴きする中で、副市長を4人置くことの効果を理解していただくには、更なる説明が必要であり、賛同を得られる状況には至っていないものと判断し、11月に12月定例会への提案見送りを表明した。
・今後も引き続き、副市長を部局連携のトップとし、組織内分権によりマネジメント機能を強化する体制について、議会や市民への説明の在り方と合わせ、検討・研究を重ねつつ、当面は、副市長2人体制で市政を運営しながら、成果を上げていく。
■政策アドバイザー
・当初、副市長4人制と両輪の制度として、複数の「政策諮問委員」からなる委員会の設置等を検討していたが、議論の過程で、役割や責任が分かりにくいという指摘を受け、名称を「政策アドバイザー」に改めるとともに、民間の目線や多角的な視点から政策・施策の質的向上を図る役割に特化することとした。また、重要な政策分野ごとに有識者を選任し、必要に応じて職員等が助言や提言を受ける仕組みとして、身分や職務内容など、制度の具体化に向けた検討を進めてきた。
・その後、副市長4人制の提案見送りを受け、当初の説明の経緯を踏まえ、改めて制度内容を精査・検討することとした。

ところで、新潟県上越市では、首長が選挙公約で副市長を四人制とし、さらに首長直轄の政策諮問委員（その後、政策アドバイザーに変更）を配置することを掲げて当選したものの、設置条例が議会で否決され、公約を実現できない状況が発生した（上越市議会、二〇二三。表2−2）。

この首長の思いとしては「行政側の政治職が少なすぎる」（上越市、二〇二二）ということなどにあるようだが、実現すれば、我が国の自治体組織において他に比較するものがないほどの重厚なトップマネジメント体制となる。

人件費の負担も相当なものになるであろうから、これに見合った効果が挙がる見込みについて議会の理解を得ることができるよう説明を尽くさなければならない。一方で、首長を補佐する陣容を増やせばそれで組織がうまく回るということは幻想に過ぎないことには早く気づくべきだ。

首長の精神的な安心を得るために副市長や政策諮問委員を多数配置するという姿勢には首をかしげざるを得ない。自信がないならそもそも立候補すべきではない。

第二節　副市町村長のキャリアパス

筆者が副市長在任時に、住民やキャリアセミナーなどで訪問した学校の児童生徒から「どうしたら副市長になれるのか」と聞かれることがあった。副市町村長の職務の実情を知らず、自治体幹部への率直な興味からの質問であったと思う。

副市町村長は公選の首長や議員のように自ら望んで立候補して就任するポジションではなく、また、一般職の公務員のように試験に合格することで就任するポジションでもない。あるとき首長から声がかかり、指名を受け、議会から同意が得られた場合にのみ就任がかなうポジションであるため、なりたくてなれるわけでもない。仮に、自治体の一般職として採用され、幹部にまで上り詰め、気力、体力、意欲が充実した状態で副市町村長への就任をひそかに希望していたとしても、その時期が副市町村長の交代するタイミングでなければ就任することはできない。

助役、副市町村長になるのは首長になるよりも難しい、と言われていることを聞いたことがある。自発的な意思ではどうにもならず、他律的な要素が圧倒的に作用するポジションの性格を表している。

筆者の場合は、大学教員在職中に首長から声がかかったのだが、このようなケースは一般的ではなく、レアケースと言える。では、どのような人物が副市町村長として登用されているのであろうか。

一　自治体内部の人材の登用

先の「副知事・副市町村長の定数調」（総務省）ではあくまで定数と現員の人数に対する調査結果であるため、各自治体の副市町村長がどのようなキャリアパスを経て就任しているかは読み取ることはできない。

副市町村長は自治体職員にとって官僚組織の最上位に位置する上がりのポストと呼ばれることがあるが、選任時の議会同意に関する報道などから推計すると、副市町村長の現員の総数一八六三人（総務省、二〇二一）のうち九割程度は自治体の内部人材から登用（当該自治体を勤め上げた人材からの選任）されているものと考えられる。

総務部長、市長公室長、総務課長など自治体組織における建制順の上位にある組織の長を務めた人物の中から首長選挙のタイミングや相性などを踏まえて選任される。

首長選挙は四年に一度であるから、いかに優秀な人物であってもタイミングが合わなければ選任されることはないから、狭き門でもあり、上がりのポジションということにもなる。

筆者が副市長に就任したときに「おめでとうございます」と各方面から言われたが、それはこのようなポジションの性質からくるイメージからのことでもあったのだと思われる。

もっとも、現実には、在任中に「おめでたい」ことはあまりないので、それを踏まえたせめてものはなむけの言葉、あるいは同情の言葉であったのかもしれない。

二　自治体外部からの人材の登用

自治体の内部人材の登用以外には、国や都道府県の現職人材の割愛採用、出向人事と呼ばれるものがある。中にはすでに退職した人材を受け入れることもある。また、数は少ないが民間や学術機関からの登用も存在する。

敗戦後の旧内務省の解体、新憲法、地方自治法の制定により都道府県、市町村の首長に直接公選制が導入された。これは旧内務省が任命する官選知事を中心とした中央統制を排除し民主化を進める占領軍の強い意向があったとされる。

しかし、人事を通じた国による自治体のコントロールは敗戦によっても何ら変わることはなく、元自治官僚で官房副長官を務めた石原信雄が「戦後の内政は各省の補助金、首長を下請けにする機関委任事務、幹部を自治体に派遣する出向人事の三本柱で統治してきた」と語ったように（青山、二〇一三）、現在でも巧みに自治体を統制する仕組みとして維持されている。

湯之上（二〇〇五）は交付税配分に出向官僚や旧自治省出身の知事の影響が存在しうることを明らかにしている。自治体への出向人事を通じた人的コントロールについては喜多見（二〇〇七）らに詳しい。

総務省（自治部局）を中心とした中央省庁の役人を、若殿教育のごとく都道府県あるいは市町村の特別職や幹部として受け入れる一方通行の天下り的、特権的な人事を自治体が受け入れているのは交付税などの国からの移転財源の配分や事業の採択などにおいて何らかのメリットがあることを期待しているからにほかならない。

交付税制度については後述するが（第五章）、自治体側は交付税の配分プロセスに何ら関与することができないばかりか、特別交付税の配分にはルールに基づかない勘案分（特殊事情分）という国の裁量により配分される部分の存

表２−３　国から自治体への出向者数

（2021 年 10 月 1 日現在、単位：人）

	国から自治体への出向（総数）	都道府県					市町村				
			部長級以上	次長級	課長級	その他		部長級以上	次長級	課長級	その他
総数	1,724	1,131	131	73	268	659	593	287	59	94	153
内閣府	10	0					10	3			7
警察庁	419	419	1		67	351	0				
金融庁	3	0					3	2			1
消費者庁	1	1				1	0				
総務省	284	187	43	5	56	83	97	75	10	10	2
法務省	23	19				19	4	1			3
外務省	2	1	1				1	1			
財務省	52	36	7	1	3	25	16	6	2	4	4
文部科学省	54	26	4	2	20		28	14	9	4	1
厚生労働省	120	77	13	13	23	28	43	11	3	12	17
農林水産省	172	92	8	11	33	40	80	29	3	6	42
経済産業省	77	26	8	4	8	6	51	24	5	10	12
国土交通省	465	216	44	34	44	94	249	118	25	45	61
環境省	23	15	2	2	8	3	8	3	2	2	1
防衛省	12	10			2	8	2				2
会計検査院	6	6		1	4	1	0				
人事院	1	0					1			1	

出典）内閣官房内閣人事局「国と地方公共団体との間の人事交流の実施状況」（2021 年 10 月 1 日現在）を筆者加工

在がこのような特権的な人事が行われる背景にある。

表２－３は「国と地方公共団体との間の人事交流の実施状況」（二〇二一年一〇月一日現在。内閣官房内閣人事局）のうち国から自治体への出向者数である。このうち、国から都道府県への出向者は一一三一人となっており、市町村を含めた全体一七二四人の六六%を占めている。さらに部長級以上は一三一人を占めており、都道府県が国の出先機関であった戦前の名残を現

表２－４　【能登半島地震】知事、自衛隊機で県入り　都内から

> 知事は１日夕、帰省していた都内の自宅から首相官邸に入った。首相や官房長官と情報共有している。記者団に対し、新幹線や飛行機が止まっているとし、「ひとまず官邸に来て状況確認、また政府の皆さんにお願いする。副知事が県庁に入っているので、官邸で副知事と連絡を取りながら対応したい」と述べた。
> 県関係者によると、東京都内に滞在中の知事は午後８時半ごろ、県に戻るため陸上自衛隊市ケ谷駐屯地から陸自ヘリに搭乗した。陸自金沢駐屯地へのヘリ到着は午後 11 時ごろの見通し。副知事も同乗した。知事は先月 29 日から３日まで冬期休暇を取り、自宅のある都内で過ごしていた。
> （＊筆者注：個人の氏名は割愛）

出典）北國新聞 DIGITAL（2024 年１月１日）

在も引きずっているかのようでもある。現行憲法において官選知事は廃止されたにもかかわらず、いつの間にか知事、副知事の半数以上は中央省庁からの天下りが占めている。制度上、存在していないはずの官選知事は、実に巧妙に、隠然たる形で維持されている。

二〇二四年の元日に発生した能登半島地震の際には、地元紙の報道によれば、石川県の知事（国会議員出身）、副知事（経済産業省出身）ともに東京の〝自宅〟に滞在していたようだ（北國新聞ＤＩＧＩＴＡＬ、二〇二四。表２－４）。幸いもう一人の副知事が地元に残っていたため、事なきを得、知事らは自衛隊機で地元に移送されたとのことであるが、県が国の出先機関化している状況を象徴するかのようである。住民の生命を預かる役目にある者は、危機管理の観点からも在任中は地元に居住することが基本であるべきだ。

国から市町村への出向者は五九三人となっており、そのうち部長級以上が二八七人と約半数となっており、市町村幹部への天下り的な出向人事が大宗を占めている状況にある。

表２－５はその逆に自治体から国への出向人事の状況である。都道府県からも、市町村からも国の室長級以上への出向は極めて少なく、大半が課長補佐級以下の「その他」の区分への出向となっている。そうした状況を反映してか、国から自治体への出向者数の表にはあった「部長級以上」の欄はここ

表2－5　自治体から国への出向者数

（2021年10月1日現在、単位：人）

	自治体から国への出向（総数）	都道府県				市町村			
			室長級以上	課長補佐級	その他		室長級以上	課長補佐級	その他
総　　数	3,081	2,472	3	607	1,862	609	0	53	556
内閣官房	1	0				1			1
内閣府	44	19		6	13	25		1	24
宮内庁	6	6		1	5	0			
公正取引委員会	2	2			2	0			
警察庁	1,700	1,700		473	1,227	0			
個人情報保護委員会	3	1			1	2			2
カジノ管理委員会	10	10		4	6	0			
金融庁	6	6	1	5		0			
消費者庁	4	4			4	0			
デジタル庁	8	2		1	1	6			6
総務省	99	61	1	5	55	38		5	33
法務省	15	13		1	12	2			2
外務省	172	166		2	164	6		1	5
財務省	70	60			60	10			10
文部科学省	133	70		31	39	63		16	47
厚生労働省	82	52		19	33	30		12	18
農林水産省	123	68		6	62	55		2	53
経済産業省	39	11			11	28		1	27
国土交通省	479	166	1	28	137	313		9	304
環境省	74	47		24	23	27		6	21
防衛省	3	1			1	2			2
会計検査院	8	7		1	6	1			1

出典）内閣官房内閣人事局「国と地方公共団体との間の人事交流の実施状況」（2021年10月1日現在）を筆者加工

表２－６　国から自治体の部長級以上の役職への出向状況

（2021 年 10 月 1 日現在）

府省庁名	出向者数	出向先役職名	
		都道府県	市町村
総数	418 人	131 人	287 人
内閣府	3 人		【部長級】神戸市、総社市、石垣市
警察庁	1 人	【部長級】東京都	
金融庁	2 人		【副首長】更別村副村長
			【部長級】和歌山市
総務省	118 人	【副首長】栃木県副知事、千葉県副知事、新潟県副知事、岐阜県副知事、大阪府副知事、奈良県副知事、岡山県副知事、愛媛県副知事、熊本県副知事、鹿児島県副知事	【副首長】山形市副市長、南相馬市副市長、福島県古殿町副町長、前橋市副市長、千葉市副市長、船橋市副市長、市原市副市長、相模原市副市長、金沢市副市長、甲斐市副市長、各務原市副市長、葛城市副市長、和歌山市副市長、総社市副市長、新見市副市長、広島市副市長、三次市副市長、香川県琴平町副町長、松山市副市長、高知市副市長、北九州市副市長、熊本市副市長、宮崎市副市長、延岡市副市長
		【部長級】北海道総務部長、青森県総務部長、岩手県総務部長、宮城県企画部長、秋田県総務部長、山形県総務部長、福島県企画調整部長、東京都総務局調整担当部長、東京都デジタルサービス局情報セキュリティ担当部長、東京都東京消防庁第四消防方面本部長、石川県総務部長、福井県総務部長、福井県安全環	【部長級】札幌市財政局長、青森市企画部長、仙台市財政局長、いわき市財政部長、筑西市市民環境部長、さいたま市財政局長、さいたま市都市戦略本部情報統括監、さいたま市都市戦略本部総合政策監、さいたま市都市戦略本部行財政改革推進部長、川越市財政部長、川口市企画財政部長、千葉市総務局次長、柏市経済産業部理事、横浜市政策局担当部長、伊勢原市企画部行政経営担当部長、上越市自治・市民環境部長、長野市財政部長、羽島市企画部長、静岡市企画局デジタル統括監、浜松市

府省庁名	出向者数	出向先役職名	
		都道府県	市町村
総務省	118人	境部危機対策監、山梨県総務部長、長野県企画振興部次長、静岡県危機管理部危機管理監代理、愛知県政策企画局長、滋賀県総務部長、京都府総務部長、和歌山県総務部長、鳥取県令和新時代創造本部長、島根県総務部長、広島県地域政策局長、山口県総務部長、徳島県経営戦略部長、香川県総務部長、高知県総務部長、福岡県総務部長、佐賀県政策部長、長崎県総務部長、大分県総務部長、宮崎県総合政策部政策調整監、鹿児島県総務部長	財務部長、甲賀市総合政策部理事、京都市行財政局財政担当局長、京都市総合企画局総合政策室京都創生推進部長、京都市消防局担当部長、木津川市政策監、堺市財政局長、守口市企画財政部長、神戸市行財政局長、神戸市消防局担当部長、西宮市総務局デジタル推進部長、芦屋市総務部参事（財務担当部長）、伊丹市財政基盤部理事、朝来市市長公室政策担当部長、奈良県田原本町町長公室参事、岡山市政策局長、岡山市財政局次長、高梁市総務部長、福山市企画財政局企画政策部参与、広島県府中市地域振興担当部長、広島県坂町情報政策監、下関市財政部長、徳島市財政部長、高松市総務局参事、西予市政策企画部長、北九州市デジタル市役所推進室デジタル政策監、福岡市財政局長、田川市総務部地方創生統括監、太宰府市総務部経営企画担当理事、八代市政策審議監、宜野湾市理事、名護市企画部長
法務省	1人		【部長級】美祢市
外務省	2人	【部長級】東京都	【部長級】横浜市
財務省	13人	【部長級】山形県、新潟県、石川県、岐阜県、奈良県、徳島県、熊本県	【部長級】松戸市、飯田市、呉市、徳島市、鹿島市、水俣市
文部科学省	18人		【副首長】京丹後市副市長
		【部長級】千葉県、神奈川県、山梨県、奈良県	【部長級・教育長】つくば市、流山市、東京都、鎌倉市教育長、京都市、守口市教育長、松原市教育長、泉南市

府省庁名	出向者数	出向先役職名	
		都道府県	市町村
文部科学省	18 人		教育長、神戸市、明石市教育長、益田市教育長、府中市、鹿児島肝付町教育長
厚生労働省	24 人	【部長級】愛知県副知事、滋賀県副知事、大分県副知事	【常勤特別職】多摩市健幸まちづくり政策監
		【部長級】群馬県、千葉県、神奈川県、新潟県、長野県、京都府、奈良県、岡山県、広島県、長崎県	【部長級】川口市、行田市、松戸市、杉並区、草津市、守山市、吹田市、神戸市、総社市、下関市
農林水産省	37 人	【副首長】富山県副知事	【部長級】山形県大石田町副町長、石川県宝達志水町副町長、名張市副市長、岸和田市副市長、高知県北川村副村長、高知県馬路村副村長、鹿屋市副市長、鹿児島県中種子町副町長
		【部長級】宮城県、新潟県、石川県、山梨県農政部長、徳島県、愛媛県、長崎県	【部長級】弘前市、酒田市、小山市、千葉市、佐倉市、横浜市、三浦市、伊勢原市、新潟市、上越市、小松市、伊那市、焼津市、田原市、養父市、倉敷市、笠岡市、高梁市、赤磐市、宇和島市、熊本市
経済産業省	32 人	【副首長】群馬県副知事、広島県副知事	【副首長】寒河江市副市長、田村市副市長、古河市副市長、栃木県益子町副町長、熱海市副市長、堺市副市長、下関市副市長、うきは市副市長、別府市副市長
		【部長級】福井県、愛知県、三重県、長崎県、大分県、鹿児島県	【部長級】石巻市、いわき市、南相馬市、かすみがうら市、松戸市、市原市、君津市、岡谷市、浜松市、岸和田市、河内長野市、南あわじ市、有田市、福山市、長門市

府省庁名	出向者数	出向先役職名	
		都道府県	市町村
国土交通省	162人	【副首長】茨城県副知事、埼玉県副知事、京都府副知事、長崎県副知事、宮崎県副知事	【副首長】室蘭市副市長、陸前高田市副市長、釜石市副市長、気仙沼市副市長、大崎市副市長、上山市副市長、土浦市副市長、常総市副市長、桜川市副市長、宇都宮市副市長、さいたま市副市長、春日部市副市長、三郷市副市長、松戸市副市長、中野区副区長、新潟県湯沢町副町長、富山市副市長、白山市副市長、甲府市副市長、岐阜市副市長、静岡市副市長、沼津市副市長、豊田市副市長、鈴鹿市副市長、大津市副市長、京都市副市長、貝塚市副市長、茨木市副市長、摂津市副市長、大阪府岬町副町長、加古川市副市長、松江市副市長、岡山市副市長、呉市副市長、高松市副市長、四万十市副市長、長崎市副市長、熊本県西原村副村長、大分市副市長
		【部長級】青森県、山形県、千葉県、東京都（三環状道路整備推進部、都市整備局、港湾局、政策企画局）、神奈川県（県土整備局都市部、県土整備局建築住宅部、県土整備局道路部）、新潟県（土木部、交通政策局、観光局）、石川県、福井県、山梨県、岐阜県、静岡県、愛知県、三重県、滋賀県、京都府（港湾長、建設交通部）、兵	【部長級】青森市、盛岡市、花巻市、一関市、白石市、富谷市、相馬市、坂東市、栃木市、小山市、さいたま市、川越市、川口市、草加市、朝霞市、千葉市、船橋市、松戸市、野田市、佐倉市、台東区、杉並区、横浜市（都市整備局、建設局）、川崎市、三浦市、厚木市、伊勢原市、海老名市、十日町市、佐渡市、輪島市、大垣市、浜松市、静岡県吉田町、名古屋市（住宅都市局、名古屋港管理組合企画調整室）、一宮市、春日井市、四日市市、草津市、栗東市、京都市（都市計画局、産業観光局）、宇治市、木津川市、堺市、高槻市、枚方市、

府省庁名	出向者数	出向先役職名	
		都道府県	市町村
国土交通省	162人	庫県（技監、農政環境部、まちづくり部）、奈良県、和歌山県、島根県、岡山県、広島県（土木建築局、土木建築局付理事）、山口県、徳島県、高知県、福岡県、長崎県、熊本県	姫路市、奈良市、橿原市、五條市、奈良県王寺町、和歌山市、倉敷市、高梁市、赤磐市、岡山県矢掛町、広島市、福山市、庄原市、東広島市、広島県坂町、下関市、下関市、阿南市、坂出市、北九州市、福岡市（港湾空港局、総務企画局）、大牟田市、久留米市、朝倉市、鳥栖市、嬉野市、熊本市、都城市、鹿児島市
環境省	5人	【部長級】兵庫県（2）	【部長級】横浜市、京都市、雲仙市

出典）内閣官房内閣人事局「国と地方公共団体との間の人事交流の実施状況」（2021年10月1日現在）を筆者加工

注）各府省からの自治体部長級への出向先において、総務省以外の府省については出向先が府省の所管事務に関連した部局であるため部局名は割愛

にはない。

表2－6は国から自治体の部長級以上の役職への出向状況である。都道府県、市町村ともに総務省と国土国通省が双璧をなしている。

国から市町村の副市町村長（表では副首長と表記）への出向は七五人となっている（部長級以上の出向者を加えた総数二八七人の内数）。

総務省が出向者を出しているのは政令市や県庁所在市が多く、国土交通省はそれ以外の中規模の自治体に多く出向者を出している。

この表では参考情報として市町村部長級への出向先も記している。これを見ると、総務省以外の府省は関連する事業所管部局への職員の派遣が多いため表から部局名は割愛したが、総務省においては旧郵政省のいわゆるテレコム部局からの自治体情報化担当部局への出向を除けば、財政を所管する総務部あるいは企画部などへの出向が多い。

三　地方創生人材支援制度

近年、このような中央省庁からの天下り的な特権人事を補強する制度が導入された。それが「地方創生人材支援制度」と呼ばれるもので、内閣府地方創生推進事務局の資料によれば、「地方創生を人材面から支援するため」、「地方創生に積極的に取り組む市町村に対し、意欲と能力のある国家公務員、大学研究者、民間専門人材を市町村長の補佐役として派遣」する仕組みとなっている。

対象となる市町村は人口一〇万人以下とされている。

表２－７はこの制度に基づき国等から自治体に派遣された者の状況である。近年は減少しているものの、二〇一七年には一二人もの人員が国から自治体に副市町村長として派遣されている。複数回にわたって派遣が行われている事例も増えている（網掛け）。

地方創生は、各自治体が地域版のまち・ひと・しごと創生総合戦略を定め、この戦略に定められた事業を記載して作成された地域再生計画を実行するための経費に対して地方創生推進交付金が供与される仕組みとなっている。この交付金の獲得のために自治体が計画を作成し、いわゆる地方創生に取り組んだわけだが、いっときのブームに終わってしまった感がある。交付金の獲得自体が目的化してしまったり、自治体の総合戦略は国の戦略を〝勘案して〟策定（まち・ひと・しごと創生法第十条第一項）することとされているため、計画の内容が全国の自治体で大体、同じような内容になってしまうなど、地に足の付いた取組みにはならなかった。財政制度の観点から地方創生を振り返れば、目標管理型の奨励補助金ではなく、ふるさと創生一億円事業がそうであったように地方の自主性を信じて一般財源、交付税制度により行うべきであった。これまでの地方分権改革における補助金改革の成果や反省が活

表 2－7　地方創生人材支援制度による国から自治体への派遣状況

年度	派遣先自治体数と内訳		副首長としての派遣先	派遣元
2015	派遣市町村	69	岩手県山田町	農林水産省
	副市町村長 幹部職員（常勤） 非常勤職員	9 人 39 人 21 人	秋田県湯沢市	総務省
			大阪府岬町	国土交通省
			徳島県那賀町	農林水産省
			高知県大豊町	農林水産省
			福岡県大刀洗町	総務省
			佐賀県上峰町	文部科学省
			長崎県壱岐市	外務省
			大分県中津市	国土交通省
2016	派遣市町村	58	北海道天塩町	外務省
	副市町村長 幹部職員（常勤） 非常勤職員	7 人 41 人 10 人	福島県南相馬市	総務省
			茨城県坂東市	国土交通省
			新潟県弥彦村	農林水産省
			鳥取県湯梨浜町	国土交通省
			熊本県小国町	総務省
			鹿児島県志布志市	国土交通省
2017	派遣市町村	55	北海道室蘭市	国土交通省
	副市町村長 幹部職員（常勤） 非常勤職員	12 人 37 人 6 人	北海道倶知安町	国土交通省
			北海道東神楽町	内閣府
			岩手県山田町	農林水産省
			茨城県大子町	経済産業省
			埼玉県美里町	総務省
			長野県白馬村	総務省
			長野県川上村	農林水産省
			三重県志摩市	環境省
			長野県白馬村	総務省
			岡山県新庄村	農林水産省
			長崎県新上五島町	外務省
			鹿児島県出水市	農林水産省
			※岡山県玉野市（教育長）	文部科学省
2018	派遣市町村	42	富山県氷見市	総務省

2018	副市町村長	3人	石川県白山市	国土交通省
	幹部職員（常勤）	38人	福岡県筑後市	総　務　省
	非常勤職員	1人		
2019	派遣市町村	33	岩手県花巻市	文部科学省
	副市町村長	5人	岩手県釜石市	総　務　省
	幹部職員（常勤）	21人	栃木県益子町	経済産業省
	非常勤職員	8人	新潟県聖籠町	厚生労働省
			鹿児島県出水市	農林水産省
			※岡山県玉野市（教育長）	文部科学省
2020	派遣市町村	46	山形県大石田町	農林水産省
	副市町村長	5人	福島県古殿町	総　務　省
	幹部職員（常勤）	20人	石川県白山市	国土交通省
	非常勤職員	4人	奈良県葛城市	総　務　省
	※デジタル専門人材派遣制度を除く		香川県琴平町	総　務　省
2021	派遣市町村	39	北海道更別村	金　融　庁
	副市町村長	4人	茨城県桜川市	国土交通省
	幹部職員（常勤）	32人	栃木県益子町	経済産業省
	非常勤職員	3人	岡山県新見市	総　務　省
	※デジタル専門人材派遣制度を除く			
2022	派遣市町村	34	茨城県古河市	（博報堂）
	副市町村長	2人	茨城県常陸太田市	経済産業省
	幹部職員（常勤）	26人		
	非常勤職員	6人		
	※デジタル専門人材派遣制度、グリーン専門人材派遣制度を除く			
2023	派遣市町村	42	北海道更別村	金　融　庁
	副市町村長	3人	岡山県新見市	総　務　省
	幹部職員（常勤）	26人	福岡県大川市	総　務　省
	非常勤職員、調整中	10人		
	※デジタル専門人材派遣制度、グリーン専門人材派遣制度を除く			

出典）内閣官房・内閣府総合webサイト、地方創生人材支援制度「派遣先一覧」（2015年度～2023年度）を筆者加工

注）網掛けは複数回の派遣を表す

かされることはなかった。

かつての一村一品運動は補助金で自治体を動かすということはせずに、地域の主体的な行動を奨励するものであった（平松、一九八二）。地方創生、地域おこし、あるいは地域活性化と呼ぶにせよ、地域の振興は地域（住民）がみずから考え、悩み、長期にわたって行動を続けていくものでなければならない。自治とはそういうものである。

そういった趣旨からすると、現在の「地方創生人材支援制度」には問題があると言わざるをえない。人材面から支援する、ということになっているが、国の人材が一般職の自治体職員の上位に位置する特別職に就いてしまっては、それは支援とは言えない。

教育長としての派遣も行われているのはこの制度の趣旨から大きく外れている。特別職への出向ではないため表には出ていないが建設部長、建設部技監などのポジションへの派遣も多数、行われている。同じ自治体への継続的な派遣は国への依存体質を生じせしめる恐れがある。それは、地方創生が目指すべき姿とは言い難い。

これ以外にも、全国的にふるさと納税の事務局業務の受託を拡大している企業から副市町村長や一般職としての派遣が増えている状況も見られる。

地方創生人材支援制度は、あくまで自治体を支援する、という観点から見直しを図るべきだ。

四　国等の人材活用（国・自治体間の人事交流）における課題

このような国・自治体間の出向人事は、地方分権推進計画（一九九八年五月二九日閣議決定）及び採用昇進等基本方針（二〇一四年六月二四日閣議決定）に基づき行われていることとされている（表２－８、表２－９）。

これらの計画・方針では国・自治体間の人事交流は「相互・対等交流の促進」を原則とし、「交流ポストの長期固

表2－8　地方分権推進計画（1998年5月29日閣議決定）（抄）

第6　地方公共団体の行政体制の整備・確立
　1　行政改革等の推進
　　(3)　人事交流と人材の育成
　　　ア　国と地方公共団体との人事交流については、相互・対等交流の促進を原則として、交流ポストの長期固定化により生ずる弊害の排除に配慮しつつ、人事交流を進めることとする。各省庁は、毎年度、それぞれ行われた人事交流の人数、相手先、ポストの実績をわかりやすい形で公表するものとする。また、地方公共団体に対して、国に準じ、必要な措置を講ずるよう要請する。
　　　　都道府県と市町村の間の人事交流についても、国と地方公共団体との人事交流と同様の原則によるものとする。

表2－9　採用昇任等基本方針（2014年6月24日閣議決定）（抄）

6　人事交流等の推進
　(2)　地方公共団体との人事交流等に関する指針
　　相互理解の促進及び広い視野を有する人材の育成の観点から、相互・対等交流を原則として、交流ポストの固定化による弊害の排除に配慮しつつ、地方公共団体との人事交流を進める。

定化による弊害の排除に配慮する」とされているが、実態は閣議決定の趣旨は無視され、どこ吹く風という状態だ。

自治体が中央省庁の自治体からの人材を受け入れるのは、法令等で自治体に配分された事務量に応じた財源が十分に配分されていないことに根本的な原因がある。自主財源に乏しければ、国からの補助金等の獲得をせざるをえない。

特別交付税において国の裁量により配分される勘案分（特殊事情分）の存在を先に述べたが、特別交付税を含めた国からの補助金等の獲得が優位になることに期待をかけて国からの人材を受け入れるのである。

もちろん、中央省庁の人材が自治制度などの制度設計の企画立案、あるいは地域おこしの現場の取組みを学ぶために自治体の業務を経験することの必要性自体を否定するものでは決してない。中央省庁の人材は、自治体のプロパー職員が処遇されるべき上位のポジションに就くのではなく、地方自治を学ばせていただく姿勢で、自治体職員をサポートするようなポジションに就くべきと考える。

日本国憲法第九二条の地方自治の本旨は住民自治と団体自治を意味するとされているが、現在の特権的な出向人事は、地方行政が国から独立した一定の地位と権能を有する団体によって運営なされるべきという団体自治を阻害するものである。そればかりか、自治体の国依存の体質を助長するなど自治の気概を喪失せしめるおそれがあることからも、問題があると言わざるをえない。

これは都道府県の問題だが、都道府県警の本部長等への警察官僚の天下り人事（地方警務官制度）のような時代錯誤的な身分、階級制度が未だに民主国家の我が国で公然と行われている。都道府県警採用の警察官に本部長の適任者が一人もいないとでも言うのだろうか。

国等の人材を活用する場合、派遣される人物を選ぶことができない、という問題がある。あくまで国等の人事異動の一環として、その地域に縁もゆかりもない誰かが自治体に派遣されることになるため、首長が当該人物を拒否することはできない。

このように国と自治体の人事交流については様々な問題がある。やはり首長の腹心の副市町村長は首長と政治責任を共にすることができる人物が任命される必要がある。このような観点から、国と自治体の人事交流は地方自治の本旨の原点に立ち戻り、相互・対等の交流を徹底し、団体自治を阻害する特権的な出向人事は中止すべきだ。団体自治を守る観点からも、中央省庁の人材を自治体幹部に登用する場合には、国の役所を辞職し、国の役所への復帰を前提としない片道切符の場合に限るべきだ。

なお、先に述べた表２-５の自治体から国への出向者数にはカウントされない人事が存在する。それは「研修生」

表２－10　副市町村長の一般公募状況

公募開始	自　治　体	定数	担　当　分　野	応募数	議会同意
2009 年　6 月	兵庫県豊岡市	2 人	広報、観光等	1,371 人	○
2010 年　9 月	長崎県南島原市	2 人	産業、観光等	253 名	○
2017 年　6 月	大阪府四條畷市	1 人	市政全般	1,700 名	○
2021 年　1 月	広島県安芸高田市	2 人	観光、教育、医療等	4,115 人	×
2021 年 10 月	静岡県掛川市	2 人	働き方改革、DX、男女共同参画等	1,498 人	○
2022 年　2 月	富山県氷見市	1 人	市政全般	810 名	○
2023 年　6 月	神奈川県真鶴町	1 人	市政全般	28 人	公募中止
2023 年　8 月	福岡県若宮市	1 人	市政全般	73 人	○

による派遣である。

筆者の知る事例では、ある国の出先機関から自治体の職員を派遣するように要請がなされた。給料は自治体側が負担するいわゆる手弁当で、残業代だけを国が負担し、身分は研修生という正規の職員にカウントされない片務的、差別的な条件、待遇となっている。正規の職員ではないので、派遣先の国の役所のシステムにログインすることもできない。自治体の労働力の搾取ともいうべき、国にとってのみ一方的に都合の良い仕組みとなっている。

当該自治体では、要請のあった省庁から数年間、プロジェクト的に補助金の交付を受けており、付き合い上、厳しい定員事情の中、泣く泣く職員を派遣するはめになったということである。

国の総務省自治部局、地方分権、地方創生担当部局などにも相当数の自治体からの研修生がいると聞くが、国が自治体に人件費を支払わせ、労働力の供給を受けるというこの研修生の仕組みについては、統計もなく、実態は闇の中となっている。

五　副市町村長の公募

近年、副市町村長となるべき人物を一般から公募する事例が出てきている。人材紹介・転職支援を行う企業のサービスを通じて行われている者も見受けられる。公募を行う首長としては、地域の住民にはない知見を有する人物や、観光、シティプロモーションなどの分野を担当する人物の発掘に期待をかけているようだ。

表２－10は、近年実施された副市町村長の一般公募の状況である。

表には、公募を行ったものの、選任にまで至らなかったケースが含まれている。四千名を超える応募があった安芸高田市では、首長と議会の対立により、残念ながら議会で同意を得ることができず、公募が不調に終わった。神奈川県真鶴町では、副町長の公募開始後に町長へのリコール署名活動が行われたため、途中で公募を中止した（二〇二三年九月にリコール成立）。

今後、副市町村長への新たな人材供給源として拡大を続けていくのか注目される。

【参考文献】

（第一節）

・総務省ｗｅｂサイト「副知事・副市町村長の定数に関する調（二〇二一年四月一日現在）」『地方自治月報』第六〇号。https://www.soumu.go.jp/main_content/000799569.pdf

・新潟県上越市ｗｅｂサイト「市長記者会見内容（二〇二一年一二月議会）」（二〇二一年一一月一九日）。https://www.city.joetsu.niigata.jp/site/shicho-room/kaiken-r3-11-19.html

・新潟県上越市ｗｅｂサイト「『じょうえつ市議会だより　かけはし』二〇二二年二月号　№二一三」。https://www.city.joetsu.niigata.jp/site/gikai/gikaidayori-2022.html

・新潟県上越市ｗｅｂサイト「総務常任委員会資料【所管事務調査】二〇二三年二月二〇日開催」。https://www.city.joetsu.niigata.jp/uploaded/attachment/231407.pdf

（第二節）
・青山彰久（二〇二三）「自治・分権改革を追う『歴史の証言者の喪失』」『月刊ガバナンス』二〇二三年三月号　№二六三。
・喜多見富太郎（二〇〇七）「地方出向を通じた国によるガバナンス」『東京大学行政学研究会　研究叢書四』。
・内閣官房ｗｅｂサイト、内閣官房内閣人事局「国と地方公共団体との間の人事交流の実施状況（二〇二一年一〇月一日現在状況）」。https://www.cas.go.jp/jp/gaiyou/jimu/jinjikyoku/jkj_kt_jissi_r040309.html
・内閣官房・内閣府総合ｗｅｂサイト、地方創生人材支援制度「派遣先一覧」（二〇一五年度～二〇二三年度）。https://www.chisou.go.jp/sousei/about/jinzai-shien/index.html
・平松守彦（一九八二）『一村一品のすすめ』ぎょうせい。
・北國新聞ＤＩＧＩＴＡＬ「【能登半島地震】知事、自衛隊機で県入り　都内から」（二〇二四年一月一日）。https://www.hokkoku.co.jp/articles/-/1279739
・湯之上英雄（二〇〇五）「特別交付税における官僚の影響に関する分析」『公共選択の研究』二〇〇五巻四五号。

第三章　副市町村長の役割

既に述べたように副市町村長は首長の最側近としてこれを補佐し、自治体の事務を監督するため、常勤の特別職という文字どおり〝特別〟のポジションを与えられている。自治体のトップマネジメントの一角として、副市町村長は様々な役割を果たすことが求められる。あらゆることをこなさなければならない。ここでは、主に首長との関係、組織との関係に焦点を当て、副市町村長の多様な役割について考察する。

第一節　首長との関係

一　首長と副市町村長の役割・職責の違い

副市町村長は自治体の特別職という点では首長とは代わりはないが、職責においては実は比較にならないほどの大きな違いがある。

決定的な違いは首長が公選の政治家という点である。首長は住民から直接、選挙で選任された地域のリーダーとして、自治体を統括する代表者であり、自治体経営の最終的な責任を負っている。

地方公務員を対象とした賠償責任保険の保険料を見ると、その責任の差は歴然としている。

ある民間保険会社の商品における一億円の保証プランの年間の保険料は、市長・東京都特別区の区長では五〇万円を超えているのに対して、副市町村長のそれは一万円にも満たない金額となっており、これは一般職の職員と同額となっている。このような大きな保険料の差が設けられているのは、住民訴訟などで自治体の損害賠償が確定した場合、首長本人に対して賠償金の支払いが命じられることが多いためであろう。

法的な責任以外にも、自治体の顔として、住民からの要望や批判はどうしても首長本人に向う。議場においても執行部の責任が追求される場合、事務方がいかにフォローしたところで、首長から最終的な言質を取らなければ納得されることはない。筆者も副市長在任中、首長に近侍しながら、ときおり、職名に「副」が付くだけで圧倒的な職責の差があることを感じ、自らの能力不足、不甲斐なさから市長をサポートしきれないことに申し訳ない思いを感じることがあった。

帝人の元社長の大屋晋三は「社長と副社長の距離は、副社長と運転手の距離よりも遠い」と語ったとされる。当時の時代背景の中での表現であったと思われるが、トップを務めた者しか分からない組織の責任者としての重圧や苦悩などを表したものであろう。どんなに副市町村長が努力しても、組織のトップとナンバー２の間には埋めがたい職責の差が存在し続けるのかも知れない。

しかし、たとえそうであっても、副市町村長は、敢えて火中の栗を拾い、地域のリーダーになる道を選ばれた首長を全力でサポートし、少しでも悩み事を減らし、仕事がしやすいように心配りを忘れないようにしなければならない。

二　首長の代理者としての役割

地方自治法において、副市町村長が担う首長の職務代理については表３－１のように規定されている。

表３−１　地方自治法§152

普通地方公共団体の長に事故があるとき、又は長が欠けたときは、副知事又は副市町村長がその職務を代理する。この場合において副知事又は副市町村長が２人以上あるときは、あらかじめ当該普通地方公共団体の長が定めた順序、又はその定めがないときは席次の上下により、席次の上下が明らかでないときは年齢の多少により、年齢が同じであるときはくじにより定めた順序で、その職務を代理する。 ②　副知事若しくは副市町村長にも事故があるとき若しくは副知事若しくは副市町村長も欠けたとき又は副知事若しくは副市町村長を置かない普通地方公共団体において当該普通地方公共団体の長に事故があるとき若しくは当該普通地方公共団体の長が欠けたときは、その補助機関である職員のうちから当該普通地方公共団体の長の指定する職員がその職務を代理する。 ③　前項の場合において、同項の規定により普通地方公共団体の長の職務を代理する者がないときは、その補助機関である職員のうちから当該普通地方公共団体の規則で定めた上席の職員がその職務を代理する。

首長は自治体を代表して年間を通じて、多数の公式行事や地域のイベントなどへの出席に加え、国や都道府県への要望活動などに出張することも多く、行事が立て込む場合には副市町村長が代理で出席することになる。

首長の代理ということは、単にセレモニーに代理で出席することに留まるものではなく、留守居役、つまり首長不在時の留守を守らなければならないということである。

災害や庁内のトラブルなど不足の事態はいつ発生するか予測することはできない。ことに東北の自治体であれば東日本大震災から一〇年以上を経過してもなお、大規模な余震の発生が収まることがない。このため、首長が自治体のエリア外への出張等のために不在になるときには副市町村長まで不在になるようなことがあってはならない。必ずしも庁内に張り付く必要はないが、自治体の区域には留まるよう心がけたほうがよい。

また、感染症が拡大しているような局面では、首長と副市町村長が両方感染してしまうリスクを回避するため、極力同じ行事に出席しないようにするなどの配慮も必要になってくる。

地方自治法が示すように万が一、首長、副市町村長が欠けた場合を想定した場合の代理者についても組織の危機管理の観点からあらかじめ備えておくことが必要となる。

三　首長と政治責任をともにする

筆者の副市町村長任期中には財政健全化のために市長が三〇%、副市長が二〇%、教育長・病院事業管理者が一五%の給与の削減を行ったり、贈収賄事件で幹部職員が逮捕された際にはこれに市長が二〇%、副市長が一〇%を上乗せして給与を削減し、管理監督責任をとったこともある。

首長は、自治体の事務を管理、執行する（地方自治法第一四八条）当該団体の統轄代表者（同法第一四七条）であり、副市町村長は、首長を補佐し、補助機関である職員の担任する事務を監督する（同法第一六七条）こととされており、自治体組織で発生する事象について最終的な管理監督責任を有する。仮に自らが不正に関与した場合には公職を追われることは言うまでもないが、職員が不正や犯罪行為をはたらいた場合にはその責任をとらなければならない。自治体組織で発生する不正行為としては、近年の報道を見ても官製談合、公金の紛失・私的流用、飲酒運転、公文書偽造、ヤミ専従など様々なものがある。このような組織内で発生した犯罪行為の責任のとり方は首長と副市町村長との間でしか決めることはできない。

もちろん事務方から過去の事例や他の自治体の事例などの資料の提供はあるが、どのように責任を取るべきかまで職員が判断してくれるわけではない。過去の事例、他自治体の類似の事例との比較や権衡を考慮し、減給の度合い、それを続ける月数などを首長と副市町村長が決めるしかない。

大きい組織になれば日々、様々なことが起きるが、本来、あってはならない犯罪行為ともなれば責任ある者がけじめをつけなければ住民は納得しない。

政治責任ということであれば最高責任者の首長が責任を取ればよいのではないかという見解もありうる。しかし、首長から政治任用により任命され、職員や組織の監督を任務とする副市町村長は首長とともに自治体の経営責任を負っているのであるから、そういうわけにはいかない。首長と副市町村長は一蓮托生の関係にある。

このような首長と政治責任をともにすることができるのは、首長が自らの責任で選任した人材だからこそである。中央省庁からあてがわれた人材ではそれはできない。中央省庁からの出向人事で副市町村長を受け入れることの問題の一端はここにある。自治体への在席はあたかも腰掛けでもあるかのように、通常、二年程度で、元の省庁に復帰していく。首長と政治責任をともにすることはない。

中央省庁において、新型コロナ関連の補助金の不正受給などで職員が数名逮捕されたことがあった。しかし、閣僚や事務次官が給料を減額するなどして管理監督責任を取ったという話は聞いたことがない。住民との距離が近いため、住民からの叱責や厳しい視線に直接的に晒される基礎自治体と住民からの距離が遠い国との相違であろうか。住民の目が届く範囲で行政が監視され、予算や租税など地域にとって必要な意思決定がなされるべきという地方分権の必要性にもつながる。

なお、近年は住民訴訟や損害賠償請求などの行政訴訟のリスクも高まっていることから、就任したら直ちに先に紹介した地方公務員向けの賠償責任保険に加入することをお勧めする。

四　首長の補佐

首長のサポートは、前身の助役の名が示すとおり副市町村長の根源的な務めであると言える。副市町村長は首長を陰で支える黒子役であり、ときには軍師、参謀にも例えられる。

首長が出席する会議、会合等で何を発言してもらうか、自治体にとっては極めて重要な意味を持つ。地域のリーダーの発言は、自治体のプレゼンスにも関わり、ときには命運を左右する。

通常は、関連する部局で発言メモの作成など、いわゆる弾込めをするのだが、首長に渡す前に、副市町村長が最終的な確認を行うことが望ましい。

国の政策を巡る動向や、庁内の関係部局の情報などを集約し、全体を見回して、総合的な判断を行うことができるのは副市町村長しかいない。

昨今はオンラインでの会合が急遽設定されるなど、担当部局が発言メモを作成する暇がないケースもあるが、そういうときは副市町村長自らが発言メモの作成や関連資料を準備しなければならない。

常に、上司の首長が何を必要としているか、何に困りそうかなど、自らが首長の立場で考え、先回りして行動し、首長を補佐する姿勢が不可欠である。そのような経営者の視点で思考し、行動ができるような職員を育成することも必要だが、首長の職責や立場を共有し、その上でどのように行動してもらうか推し量ることができるのは最終的には副市町村長だけなのだ。

五　首長への進言

昨今、自治体庁舎の首長室に公費でシャワー室やサウナ室を設置したり、公用車として高額な米国の高級電気自動車を購入するといったような驚くべき報道を目にすることがある。

首長が住民の信頼を失うようなことをしようとした場合にこれを諌めることができるのは首長の政治的支持基盤の後援会幹部などを別にすれば、首長から直接任命された副市町村長のほかには誰もいない。副市町村長が言うべ

表3－2　岐南副町長給与減額　前町長のセクハラ問題で

前町長による多数のセクハラ、パワハラ行為が認定されたことを受け、岐南町議会は21日の本会議で、副町長の給与を10％減額する条例案を可決した。減額は4～6月の3か月。 第三者調査委員会の調査報告書では、「前町長に適切に注意できる者がいない状況が常態化していた」などと指摘。副町長は21日、提案理由について、組織の機能不全を重く受け止めて自戒を込めた、などと説明した。 （＊筆者注：個人の氏名は割愛）

出典）読売新聞オンライン（2024年3月22日）

きことを言わなければ組織としてはこれ以上、打つ手はない。副市町村長は最後の砦となる。

首長も副市町村長も生身の人間なので思い違いや間違いをおかすことは当たり前にあり得ることなので、決断をする前には各方面から意見を聴いたほうがよいし、もし、誤った決断や行動をしかけたときに、遠慮なく意見をしてくれる人材がいることは幸せなことである。組織を健全に保つためにもそのような耳の痛いことを行ってくれる人材は大切にしなければならない。

先のケースの発生前に副市町村長がこれを諌めたのかどうか分からないが、仮に黙っていたのだとしたら、職責を果たしていないと言わざるを得ない。

首長の交代時期にあって職に留まりたいという思いがあったのかどうか知る由もないが、首長が住民の信頼を失っては自治体行政を進めることはできないので、こういうときには再考するよう首長に進言すべきであった。聞き入れられなければ自らの信念に従って辞職するのみである。

この職責を果たさなかった副市町村長はどうなるか。町長（二〇二四年三月五日辞職）による多数のセクハラ、パワハラ行為が明るみとなった岐阜県岐南町では、第三者委員会から「前町長に適切に注意できる者がいない状況が常態化していた」と指摘され、副町長が自身の給与を一〇％、三カ月間減額することとなった（表3－2）。

第二節　庁内組織との関係

一　各部局長の上位に位置する役職

副市町村長は、部局長の上位に位置するポジションを与えられている。部局長との違いは、部局長は所管部局の事務事業を管理監督することが役割なのに対して、副市町村長は首長の下で、各部局の利害を超えて庁内全体を俯瞰することがその役割となっていることである。

部局長も組織の幹部として部分最適の視点を乗り越えて全体最適の視点で思考し、行動することが求められる職ではあるが、副市町村長は一〇〇％、組織としての全体最適を追求しなければならない立場にある。

そういう意味では、部局長と副市町村長では、求められる視点、思考、能力が自ずと異なる。常に、庁内全体を見渡し、首長ならばどう考えるか、どのように行動しなければならないか、といったように首長と同じ視点でものごとを捉えることができるよう自らを陶冶する姿勢が必要となる。この視点や姿勢がなければ単なる〝上級総務部長〟のような存在となってしまうので、注意が必要だ。

二　行政実務の健全性を保つための最後の砦

これまで述べたように、副市町村長は首長と部局長の間に位置し、首長と同様、特別職ではあるものの、公選の政治家ではない。一般職と公選職の間に位置するポジションにある。筆者はここに重要な意義と特色があると考える。

先に紹介した穂坂ほかの主張によれば、米国のシティ・マネジャー制度は行政を政治から守ることがその役割であるという。つまり、副市町村長に部局長を指揮監督する特別職という位置づけを与えつつも、これを公選政治家にしないことで、行政実務の健全性を保つための最後の砦としての役割を果たすことが可能になる。

各部局から提起された政策や事業が社会規範や公務の中立性という観点からおかしな方向性を向いているのであれば、これを正すことができるのは、その地位と権限を与えられている副市町村長しかいない。よってこのような役割を果たすことが期待されている副市町村長自らが不正を犯すことは決してあってはならないのだ。

三　職員と首長の橋渡し

自治体首長は選挙で住民から選出される公選のリーダーであり、大統領制にも擬せられるほどの絶大な権力を有しているので、自治体の職員にとっては雲の上のような存在であり、直接、意見することは容易ではないように感じる者も多いのは実情であろう。

通常は、部局で決定したことは部局長から直接、首長に報告がなされるが、ときには、必ずしも首長の従来の政治姿勢や意向に沿った内容ばかりではないこともありうる。このような場合では、副市町村長から首長に進言したり、仲立ちしたほうが円滑に物事が進展する。

首長の方針を庁内組織に徹底していくのも副市町村長の役目である。首長が各部局に直接、指示をした場合でも、着実に実行されていくようフォローをしていく必要がある。

四　政策（庁内）の調整

これは、地方自治法における副市町村長の事務としての「政策及び企画をつかさどり」の規定に関係する役割である。首長が意思決定を適切かつ効率的に行うことができるように段取りをつけることであるとも言える。

政策課題が発生した際の対策の策定、あるいは様々な行政計画の策定などの際に、論点を集約し、調整し、組織としての方向性を取りまとめることができるような調整を行い、首長が最終的な判断を円滑に行えるような状態まで仕上げていくことが必要となる。

五　部局間の調整

自治体が行政機関である以上、自治体の組織は行政分野に応じて部局ごとに編成されるが（分担管理）、社会経済が成熟し、行政課題が複雑多様化していく中で、どうしても単独の部局では完結しない課題が発生する。

一例を挙げれば、子育てや少子化対策分野において幼稚園を担当する教育委員会と保育所を担当する福祉部局との関係、学校教育分野において日中の学業は教育委員会の所掌になるが、放課後になれば対象が同じ児童であっても福祉部局で学童保育を担当するケース、病院事業（公立病院）と地域医療（福祉部門）との関係など、様々な分野で部局間の調整は必要となる。

このような部局横断的な課題に対応できるのは、部局長の上位に位置する副市町村長しかいない。

具体的には、複数の部局の所掌にまたがる政策課題を組織として一定の方向にまとめていくようにしたり、ときには部局間で生じる対立を解きほぐすことも必要になる。同じ採用試験を受けた職員同士であっても、勤務している部署の部分最適を優先する思考に陥ってしまうことが現実社会では起こる。このようなときには、関係する部局に話し合いの場を持たせることで、解決の糸口が見つかることもある。

筆者が対応したトラブルの一例を示せば、教育委員会が所管する地域の公民館等の敷地に植栽されている樹木の選定枝の処理について、焼却炉を所管する衛生部局とトラブルが発生したことがあった。衛生部局としては焼却に時間のかかる生木の剪定枝を、一度に大量に搬入されてもストックヤードの収容力には限りもあり、一般利用者の利用にも支障を来たし困り果てていた。一方、公民館の樹木の剪定を請け負っているＮＰＯ組織側としては教育委員会から受注したいわば御用のような感覚でおり、市の焼却炉が受け入れるのは当然という認識であった。紛争の原因がこのようなものであることが明らかとなったので、担当部局の課長級の幹部を集め、解決方法を検討した結果、一般の利用者が少ない時間帯に、施設ごとに搬入が集中しないよう搬入計画をたてることで調整を図ることができた。

ときには新しく発生する業務をどの部局が所管すべきか揉めるときがある。消極的権限争いと呼ばれるもので、官僚組織につきまとう紛争の一つである。筆者にとっては霞が関勤務時代の国会答弁の作成部局の割り振り揉めなど馴染みが深い。自治体においても国の経済対策などで突如として新規業務が発生することがあるが、その目的が福祉なのか、経済対策なのかによって所管部局が決まることになる。このような場合には、過去の経緯や、その業務の目的などを踏まえて検討し、副市町村長は首長とも協議の上、担当部局を裁定し、部局長に指示することになる。

なお、所掌事務に関する指示は担当課（室）長ではなく、部局長に直接行うことが望ましい。

六　すべての部局に目を配る

ここでは副市町村長が単独（一人）のケースの話をしたい。自治体には、常勤の特別職として、首長のほかには副市町村長、教育長、病院事業管理者など地方公営企業の管理者、企業団の企業長が置かれている。教育長や管理者は特定の領域の事務や事業のみを担当しているのに対して、副市町村長が単独の場合、首長と同様、特定の事務事業分野のみを担当することにはならない。その所掌、責任の範囲は当該自治体のすべての分野となる。よって、〝それは私の所掌ではない〟、という言い逃れが許されない。

もちろん、日常的には教育長や管理者により担当分野の組織運営が行われることになるが、自治体の最終的な経営責任を首長と共有する副市町村長が預かり知らぬ、ということが許されるわけではない。組織や財政の運営にも大きく関わるような大きな課題への対応や、施策の方向性を検討する際には、副市町村長が積極的に関わり、イニシアティブを発揮することが不可欠である。

七　副市町村長のやりがい

以上の役割を踏まえて、副市町村長のやりがいとはどのようなところにあるか考えてみると、一つは、地域に貢献できることだ（写真）。副市町村長は将来にわたって地域が維持、発展するよう尽力できるポジションである。これがふるさとであればなおのこと、その思いは強くなる。首長から委任された事務については自らの判断と責任で処理する権限が与えられており、副市町村長の創意工夫を活かすことが可能だ。だからこそ、職務には辛いことのほうが多いが、辛抱もできる。

フィールドワークに訪れた学生に地域課題をレクチャーすることもある

もう一つは、黒子役のナンバー2としてリーダーを支える職務という魅力である。自らの進言が活かされたり、庁内の政策の方向性を調整し、首長の代理としての役割を果たすことも、この職の醍醐味であり、大きなやりがいとなる。

もっとも、人間には向き不向きがあり、自ら表舞台に立って人々をリードすることが向いているタイプと、サポートすることが向いているタイプがある。政治家であった人物が副市町村長を務めると、首長ばかりが表舞台に出て、自分は留守ばかりしているように思われて、こんなにつまらない仕事はない、という印象を持ってしまうということもあるようだ。副市町村長には、どちらかと言えば、リーダーをサポートすることに喜びを感じるキャラクターが向いている。

【参考文献】

（第一節）
・読売新聞オンライン「岐南副町長給与減額　前町長のセクハラ問題で」（二〇二四年三月二二日）。https://www.yomiuri.co.jp/local/chubu/news/20240322-OYTNT50080/

第四章　自治体経営の基本原則、目指す方向性

現実に市町村の経営実務の最高幹部として職務に当たることになると、分刻みのスケジュールに追われる中で、多数の意思決定、政策調整を行いながら、よくもこんなにと思ってしまうほど、次々に様々な課題が発生する。

そのような環境の中で、地域の将来を左右するような経営判断をしていかなければならないのだが、大局を見誤らないようにするためには、判断の軸となるものが必要となる。重要な判断を行うとき、判断に迷いが生じたときには次のような基本原則、価値観に立ち返ることが大切である。

第一節　自治、自立

機関委任事務の廃止など国と自治体の関係を上下・主従から対等・協力に転換するなど大きな成果を上げた第一次地方分権改革であったが、その後の三位一体の改革が交付税の大幅な削減で幕を閉じたため、自治体関係者には失望、徒労感だけが残る結果となった。

地方分権改革については、二〇一四年から従来の勧告方式から提案募集方式に変更された上で現在も継続されてはいるものの、残念ながら当時のような地方分権に向けられていた期待や熱意は失われてしまっている。

今や、第一次分権改革で何を目指し、何がなされたのかを知る者も少なくなり、そもそも分権改革自体を知らな

い年代の自治体職員が増えているのが実情だ。

残念なのは、そうした状況の中で、国、自治体の双方で、かつての上下・主従の関係にあった時代に戻りつつあるような状態にあることに対して、違和感を抱く人が少なくなっていることだ。何かあればすぐ国や都道府県に泣きつく習性が身についてしまっているかのようでもある。自治体職員も国民（住民）も地方分権に無関心な状態となっている。このような状態が続くことが、誰にとってメリットなのかは自ずと明らかだ。

例えば、人口減少と東京への一極集中を是正するために始められた地方創生については、本来、各地域が将来、どうあるべきか、なにをなすべきか、自ら悩み、じっくりと腰を据えて取り組むべきものを、ほぼ全国一律に地方版総合戦略を策定し、国の交付金を獲得することが目的化してしまったことにより、当初、想定されていた成果を挙げられずにいる。

分権改革において整理合理化や一般財源化を図ることとされた国庫補助負担金については、経済官庁を中心に、微に入り細に入り国がメニューを決める奨励的補助金や、自治体を経由せずに執行される〝空飛ぶ補助金〟が平然と存在し続けている。

国と自治体との人事交流についても、相互・対等交流の促進を原則とし、長期固定化により生ずる弊害の排除に配慮することとされているが、今や、それを咎める人もなく、むしろ自治体側がありがたく差別的な人事を受け入れている。

新型コロナウイルスという未曾有の感染症への対応では迅速性が求められたこともあるが、ワクチンの接種、経済対策のための国の臨時交付金の活用などを行う中で、国、都道府県、市町村の縦の指揮命令系統がすっかり定着した感がある。第三三次地方制度調査会では、感染症や大規模災害発生時など個別法で想定されない事象が発生した場合、国から都道府県だけでなく市町村に対しても直接、必要な指示が行えるような仕組みの創設について答申がなされ（二〇二三）、地方自治法も改正された。もちろん、緊急時の対応としての必要性は理解するが、自治体、住民側に国からの指示がなければ何もできない、何もしない、という風潮が芽生えてしまうのではないか、ということを筆者は危惧する。

地方分権推進委員会で体を張って国の官僚機構に対峙した西尾勝は二〇二二年三月に逝去した。地方分権を牽引した新藤宗幸、大森彌も相次いで世を去った。これらの先人が積み上げてきた努力の末に今があることを忘れてはならない。

国に依存し、何かトラブルがあれば国のせいにして生きていくことも可能ではあるが、そのような生き方の先に待っている我が国の未来はどのようなものであろうか。

地方分権推進法では「ゆとりと豊かさを実感できる社会」を実現するために地方分権を推進することとしている。地域の自立、自立した住民による地域社会の運営、こうした社会を実現することなしには我が国はこの先、ますます活力を失っていくであろう。

地域の未来を自ら悩み、決定することが自治の基本である。

「地方自治は、民主主義の最良の学校」（ジェームズ・ブライス）という格言が知られているが、地方自治こそ民主主義の根幹そのものなのである。

しかし、この理想を実現することは容易ではない。大きな成果を挙げた第一次地方分権改革以来、これまでの地方分権改革では団体自治の充実が優先されたが、残された課題の中でも最大のものが住民自治の充実であろう。なぜなら、住民自治を実現するためには、中央への依存意識を払拭し、住民にも、自治体（団体）にも自立の気概がなければならないからである。

もはや、霞が関の優秀な官僚に従っていれば安心、という認識は時代遅れの虚像、虚構に過ぎないことに気づかなければならない。長時間労働など劣悪な勤務環境や行き過ぎた官邸一強体制により幹部人事の統制が強まったことなどにより、中央官庁志望者の減少、離職が増加するなど、優秀な若者が選択する職場ではなくなっており、劣化した状態にある。

住民（国民）も、自治体職員も、地方自治に関係する者は、ともすれば楽な方に傾きがちな弱き心を戒め、自治に逆行する動きがないか注視し、自立の道を目指していく姿勢が求められる。いつか必ず地方分権が政治的アジェンダにのぼる日が来ることを信じ、自治の火をともし続けなければならない。

第二節　中央政府・地方政府の役割

地方自治法第一〇条第二項に負担分任の原則として「住民は、法律の定めるところにより、その属する普通地方公共団体の役務の提供をひとしく受ける権利を有し、その負担を分任する義務を負う。」と規定されているとおり、自治体は、住民が共同の負担と責任により地域の課題を解決し、公共サービスを提供するために存在する住民のための政府であると言える。

「生活者の視点に立つ『地方政府』の確立」（地方分権推進委員会第一次勧告、二〇〇八）を目指した地方分権改革が、基礎自治体に優先的に事務を配分する「補完性・近接性」の原理、地方自治の基本原則である「基礎自治体優先の原則」に基づき行われたように、市町村の充実に大きな期待がかけられた。最も住民に近い地方政府としての市町村は、少子高齢化社会において現物（サービス）給付を提供する役割を果たしていくことが求められている。兵庫県明石市では、独自にこどもの医療費、給食費、おむつの提供など、充実した現物給付による積極的な子育て支援を導入し、注目を集めている。

一方で、所得の再配分の機能を持つ現金給付については、国境を管理していない地方政府、特に基礎自治体は基本的には行うべきことではない。基礎自治体単位で現金給付を充実させれば、人口の移動は国境間に比べると容易に行われてしまうからである。現在のような国全体が人口減少局面にある中で、それを行うことは、限られたパイの奪い合いに終わってしまう。このため、現金給付については中央政府が担うべき任務となる。

しかし、所得の再配分や少子化対策の財源となるべき直接税、とりわけ法人税の税率は、バブル崩壊後、我が国企業の国際競争力確保の名のもとに引き下げられたままの状態にある。有力な経済団体が消費税の引き上げを志向していることもあり、現在のところ、国においてこの状態を是正する動きが見られないのは残念でならない。

いずれにせよ、子育て支援を含めた福祉政策を検討する場合には、中央政府、地方政府、さらには広域自治体、基礎自治体において、それぞれが果たすべき役割を踏まえる必要がある。

第三節　非営利の公共機関としての役割

そもそも政府の役割はなんだろうか。これは中央政府、地方政府を問わないが、社会経済を機能させるための公共サービスを提供することにある。公共サービスは教育、福祉、治安の維持などの無形の公共サービスと道路、橋梁、河川改良などの有形の公共サービス、いわゆる社会資本に分かつことができるが、大切なことは、政府はこれらのサービスを非営利で提供する組織、ということである。

近年では、いわゆるお役所仕事への批判や、ふるさと納税の獲得競争が年々、激しさを増しており、自治体にも企業的な経営感覚を導入することが求められているが、自治体はあくまで非営利で公共サービスを提供する住民の共同の政府であるという本分を忘れてはならない。

もちろん、行政運営経費の最小化、浪費の排除、事務処理の迅速化など、行政事務がお役所仕事の状態に陥らないよう務めなければならないことは言うまでもない。しかし、自治体が税外収入の獲得に躍起になり、不正すれすれの行為までしてふるさと納税の獲得に走る姿は自治体の本分から外れていると言わざるをえない（自治体がそこまでしなければならない根本原因は事務配分に見合った財源が充分でないところにあるのだが）。

第三セクターを通じた観光開発で多額の負債を抱えてしまった自治体も多かった。これなども非営利の共同の政府がその矩をこえて営利の領域に足を踏み入れてしまった故の悲惨な結果であったのだが、かつての経験も活かされることなく忘れ去られてしまっているようだ。

自治体は法令上、地方公共団体と呼称されているとおり、「公共」の団体である。財政が苦しい中で歳入確保のために様々な努力を試みる場合にあっても、一攫千金を夢見て自らの立ち位置である非営利、公共の領域から足を踏み外すことのないよう、留意しなければならない。

表4－1　財政民主主義

・日本国憲法 §83　国の財政を処理する権限は、国会の議決に基いて、これを行使しなければならない。
・地方自治法 §211　普通地方公共団体の長は、毎会計年度予算を調製し、年度開始前に、議会の議決を経なければならない。

表4－2　租税法律主義（地方税条例主義）

・日本国憲法 §84　あらたに租税を課し、又は現行の租税を変更するには、法律又は法律の定める条件によることを必要とする。
・地方税法 §3　地方団体は、その地方税の税目、課税客体、課税標準、税率その他賦課徴収について定をするには、当該地方団体の条例によらなければならない。

第四節　民主主義
――住民による政府の統制――

財政民主主義、租税法律主義（地方税条例主義）は、国民（住民）が政府を統制するための主要な手段である（表4－1、表4－2）。いずれも、民主主義が適切に機能することが前提となっているが、現実はどうであろうか。

総務省の「地方議会・議員のあり方に関する研究会」の報告書（二〇二〇）で指摘しているとおり、地方政治を巡っては、住民の関心の低下、投票率の低下、無投票当選の増加、性別・年齢構成の偏り、議員へのなり手不足など課題が多い。各種のハラスメント、議会における居眠りの状態化、政務活動費にまつわる不正、入札談合事件への関与など議員の不祥事や犯罪にまつわる報道も連日のようになされていることもあり、議員、議会の不要論、政治に対しての不信感も根強い。

言論ＮＰＯの世論調査結果（二〇一九）では政治家が自分たち（＊筆者注：「住民」あるいは「国民」と置き換える）の代表と認識している割合は四割に過ぎず、若い年代層ほどその割合が低くなり、二〇代未満の年代層ではわずか二割程度しかいない。

議員が住民から自らの代表として認識されていない状態は、単に地方政治への関心の低下に留まらず、民主主義そのものを脅かす重大な問題であると認識しなければならない。議会での議論や決定が住民から乖離した存在となっていることは、財政民主主義、租税法律主義（地方税条例主義）の前提が崩れているということであり、これはすなわち、住民が政府を統制する手段を失っていることを意味する。

民主主義（民主制）は古代ギリシャにその源流があるとされ、字義のとおり民衆が主（あるじ、主人公）となって国あるいは地域を統治する主権在民（最近、耳にする機会は少ない）の政治形態である。統治される側の民衆が同時に権力者になる仕組み、とも言える。

住民が共同の負担と責任より地域の課題を解決し、公共サービスを提供するために自治体を運営するということでは地方自治と民主主義はほぼ同じ意味となる。

戦後、我が国はバブル経済が崩壊するまでは、恵まれた経済環境が続いていた。住民ニーズに応えるだけの分配の原資が順調に増えたため、住民が地域の運営に関心を持たなくとも、行政に任せておれば事足りた幸運な時代環境にあった。住民は要望する側、自治体は解決する側、という役割に分離していたと言える。

しかし、現在は残念ながらそのような経済状況にはない。少子高齢化による増え続ける行政需要の中で、自治体の自主財源の不足は常態化している。このような経済環境の下では、かつてのように住民のニーズへの対応にも幅広く応じていくことは困難であり、〝あれもこれも〟から〝あれかこれか〟の厳しい選択をせざるを得ない。このような困難な局面においては住民自らが役割や負担を共有し、共同事業として実施すべき行政サービスや負担の水準の決定に関わっていかなければ地域を成り立たせることは困難となる。民主主義は住民が地域の運営に参加し、責任を共有して初めて実現される政治システムであることから、民主主義本来の姿を実現する必要が出てくる。「未完の分権改革」（西尾、一九九九）とも言われるとおり、地方分権、すなわち地域の自立を目指した政治闘争のゴールにはまだまだ遠い道のりが残されている。民主主義も長い歴史の中で試行錯誤がなされ、今の姿に辿り着いてはいるものの、決して完成の状態にあるわけではなく、今後も不断の努力で改良を重ねていかなければならない。

先に負担分任の原則について言及したが、地域社会の運営や課題の解決を図るのは国の役割ではなく、地域に住む我々、住民にある。財政や税制は役所が決めるという認識のほうが支配的かも知れないが、それを決定し、責任を持つのも我々、住民なのだ。

住民の共同の政府としての自治体は、財政や税制の住民による統制がなされるよう積極的かつ分かりやすい情報の開示に努めるとともに、地域住民が〝自ら治める〟自治の意識、自立の気概の涵養がなされるような民主主義や主権者教育の充実に務めていく必要がある。

第五節　自治体間の連携

これまでは、経済のパイが拡大していた時代もあり、隣のまちに何か施設ができれば、わがまちにも欲しい、ということになりがちであった。自治体が、教育、福祉、文化などの公共施設をひととおり自前で整備していこうという思考方法はフルセット主義とも呼ばれる。時代は変わり、平成の大合併を経て、現在では人口に対して公共施設が供給過剰の状態になり、類似施設の統廃合を行わなければならない状況になっている。

我が国は周知のとおり少子高齢化、人口減少が進行しており、自治体行政の在り方も大きく変容していくことは確実だ。このような局面においては、各自治体が自己完結するのではなく、近隣の自治体間で、あるいは都道府県と市町村が連携協力し、公共施設の利用や行政サービスの提供を共同で行っていくような工夫が必要となる。

「一つの『有機体』たる国民経済を任意に地域区分して、任意の諸指標によって、その不均等性を問題にすることは、あたかも人体を頭・胴・手・足などに区分して、骨格・筋肉・血液・神経の分布の不均等を論じることと同様、それ自体意味のあることとは思われない。」（矢田、一九八二）という指摘もあるように、そもそも、人々の生活は住居のある自治体の区域内で完結しているわけではない。

生産年齢人口が減少する局面においては、限られた人材で社会経済を回していかなければならない。医療施設、上下水道事業、消防、福祉行政などの共同化に加え、物品調達や情報システム共同運用なども対象となりうる。

わがまちが抱える悩みは、他のまちでも同様かも知れない。広い視野で地域課題を見渡すことが求められている。

【参考文献】

・言論ＮＰＯ「二〇一九年第二回民主主義に関する世論調査結果」（二〇一九年一一月一二日）。
・総務省ｗｅｂサイト、第三三次地方制度調査会「ポストコロナの経済社会に対応する地方制度のあり方に関する答申」（二〇二三年一二月二一日）。https://www.soumu.go.jp/main_content/000918277.pdf
・総務省ｗｅｂサイト「地方議会・議員のあり方に関する研究会　報告書」（二〇二〇年九月）。
・地方分権改革推進委員会「第一次勧告～生活者の視点に立つ『地方政府』の確立～」（二〇〇八年五月二八日）。
・西尾勝（一九九九）『未完の分権改革―霞が関官僚と格闘した一三〇〇日―』岩波書店。
・矢田俊文（一九八二）『産業配置と地域構造』大明堂。

第五章　副市町村長の実務

副市町村長が適切に職責を果たし、住民の政府としての自治体が地域のために持てる力を充分に発揮するためには、副市町村長が自治体組織の中で行われていることや課題を把握し、官僚機構を管理統率することが前提となる。中でも、自治体経営・組織運営の根幹をなす人的資源管理と財政に加え、住民の生命財産を守るための防災・危機管理、事務執行の透明性・公平性が問われる入札契約の各業務が適切に実施されることが不可欠となる。これらの業務は自治体の組織運営の根幹をなす主要業務であると同時に、ときに自治体組織を揺るがすような重大な危機をもたらす危険性をはらんでいる。副市町村長の在任中の苦悩の多くもこれらの業務に関連したものになる。

ここでは、自治体の組織運営の方法と、副市町村長の実務のうち、主要な業務において留意すべき点を見ていきたい。

第一節　組織運営の具体的な方法

P・F・ドラッカーは、マネジャーの仕事として、目標設定、組織化、動機づけ・コミュニケーション、評価測定、人材開発の五つを示している（二〇〇一）。またPDS（Plan, Do, See）やPDCA（Plan, Do, Check, Action）のマネジメント・サイクルの存在もよく知られている。

現実の自治体経営においてはこのような手法を参考にしつつも、筆者の経験に照らしてみると、まず最初に部局ごとの課題や懸案事項を把握した上で、進捗状況を管理し、各部局とともに課題解決の道筋をつけていく、というアプローチにより組織運営を行っていくことが有効であると考えている。

一　重要事項、懸案事項の把握

自治体の官僚機構を首長や副市町村長が効率的、効果的に組織を動かすためには、まず部局ごとの重要課題、懸案事項を把握することが鍵になる。各部局において長年の懸案になっていること、新たに発生した課題を把握することが組織掌握の近道なのだ。これらは、いずれ首長、副市町村長の責任として降り掛かってくることになるので放置しておくことはできない。

年度当初にこれを行い、各部局において、いつまでに、何をすべきか、年間スケジュールとともに提出してもらい、必要に応じて対処方針を議論することで、庁内全体を見渡すことが可能となる。

各部局においても、幹部職員に限らず、年度当初に異動してきた職員も含めて、当該年度のミッションを認識することができるようになる。

二　進捗状況の確認

重要事項、懸案事項が確認できれば、その後は進捗状況のモニタリングが必要となる。短期的な課題であれば隔週、月ごとに、中長期的な課題であれば四半期ごと、といったように、業務ごとにチームリーダーが定期的に業務の進捗状況や懸案事項への対応状況を把握する体制を組織にビルドインすることが有効だ。進捗が遅れている事業の把握や、未着手事業の発生防止にもつながる。

三　方向性を決め、実務は任せる

組織運営における首長、副市町村長の役割は、住民から信託を受けた首長が政策の方向性を決め、首長の方針を基に副市町村長が各部局とともに実現に向けて取り組み、首長が最終的に組織としての意思決定（判断）を行い、結果に責任を持つことである。副市町村長は当然その責任を首長と共有する。

組織の運営において留意すべきは、実務の遂行は各担当部署を信じて任せることだ。細部にまで口を挟むと現場は仕事がしにくくなるし、指示があるまで動かない、いわゆる指示待ちの職員を増やすことにもなってしまうからである。また、指示するだけでなく、ときには発言を我慢し、部下に考えさせることも必要だ。人を育てるためには忍耐も必要なのだ。

四　指示は具体的に、期限を示す

仕事をする職員の立場になってみると、上司の指示がいかようにも解釈できるようなものだと、せっかく作業したにも関わらず、出戻りが発生するなど無駄が生じ、大いに不満を抱くことになる。

このような非効率な事態の発生を防止するためには、指示をする場合には、具体的、かつ、期限を区切ることである。実務を担う部局が方向性を迷うような曖昧な指示はすべきではない。期限を示すことで、担当部局において作業スケジュールの目処をたてることができる。

職員研修で講師をつとめる筆者

五　繰り返し語る

大きな組織になればなるほど、組織のビジョンや方針に加え、何を重視し、懸念しているのか、など首長や副市町村長の思いを組織に浸透させることは、想像以上に容易ではない。一度、言っただけで組織の隅々まで透徹されるような奇跡はまず起こることはない。

幹部職員に伝えただけでは、官僚組織であることや職員が多忙なこともあり、どこかで目詰まりを起こし、現場に到達しないこともある。

このため、幹部職員は繰り返し語ることが必要となる。本当に大切なことは、職員に対して可能な限り対面で、あたかも壊れたレコードのように、繰り返して語り、メッセージを出し続けることだ（写真）。

六　首長の日程管理

首長がどの行事や会議に出席するかについては、首長や自治体が何を重視しているのか、という意思を表す政策的、戦略的な意味を持つ。単にイベントへの出席、ということにはならない。

そういう意味では、秘書担当部局のスケジュール管理は極めて重要な意味を持つ。秘書担当部局はその意味を充分に理解する必要がある。

首長の日程は、次から次へと持ち込まれるが、留意しなければならないのは先約優先にしてはならないことだ。重要な案件ほど直前に入ることが多い。その都度、重要性を判断し、どの行事に首長が出席すべきか選択することになるが、重要案件が入った際には躊躇なく先約をリスケジュールする。もっとも、最終的には首長本人が判断することになるが、秘書担当部局の職員には、ことの軽重を判断する感覚が必要となる。副市町村長も気づいた段階で、助言することが望ましい。

七　副市町村長の日程管理

首長ほどではないにせよ、副市町村長の日程も次から次へと埋められていくので、自ら管理することは不可能だ。このときに留意が必要なことは、秘書担当部局では、確定的な日程のほか、未確定の日程も多数、抱えているということである。このため、副市町村長本人が、誰かと日程を直接、決めてしまうと、秘書担当部局でしか把握していない日程と重複する事態を招くことがあり、そのリスケジュールのために何倍も労力が割かれることにもなりかねない。

このような事態を防ぐためには、日程調整は秘書担当部局を通じて行うことを徹底することだ。副市町村長は相手方と面会や出席する方向だけを決め、日程調整は秘書担当部局に委ねるとよい。

なお、筆者の場合には、会議や行事に出席する場合には、基本的には自分で時間管理をして、行動するよう心がけていたが、秘書担当部局にも念のため、出発（行動開始）時間を知らせてくれるように要請していた。このようにすれば、失念してしまうようなことを防ぐことができる。

第二節　人的資源管理

一　人　事

兵庫県の明石市長を務めた泉房穂（二〇二三年四月で市長を退任）は政治ジャーナリストとの対談の中で、就任時に「市長には人事権がない」というレクチャーを受けたこと、他の市長から「泉さんはいいね、人事権が行使できて」とよく言われたことなどを紹介している。そして「全国の市長の悩みは、人事権が行使できないこと。役所を束ねる上で一番重要な人事権を剥奪されている状況」にあり、「人事権を行使しようとすると、副市長が止めに入ります」と語っている（泉、二〇二三）。

国では閣僚が頻繁に交代しすぎることも原因ではあるが、役人の人事は官の領域であるかのごとく基本的には役所の官房部局が人事を行っている。ただし、内閣人事局の創設により幹部人事については官邸がコントロールする仕組みができた（しかし弊害も目立つようになった）。

これに対して、自治体においては住民から直接選挙により選出された首長は地方自治法において当該団体を統轄、代表し、その事務を管理、執行することとされており、自治体の内部管理事項としての人事についても住民の代表者としての首長が統制することは当然のことだ。

首長に人事権を与えない運用がなされている自治体があるとすれば、それは住民自治を否定することであり、本来、あってはならないことであるから直ちに是正する必要がある。

明石市では副市長が首長の人事権を止めに入っていたようだが、副市町村長が本来、果たすべき役割としては、首長が大人数の組織における人事を円滑に行えるようにする、あるいはその体制を整えることだ。

首長自身がすべての職員の能力や人となりを把握するのは現実的には不可能である。首長が日常的に接することができるのは管理職以上の幹部職員が中心となることから、この職位の人事については首長が直接、担うこととし、管理職員以下の職位の職員の人事をどうするかは首長と副市町村長が相談して作業を分担するというのが現実的である。

人事において注意しなければならないことが何点かあるので述べておきたい。

まず、全員が納得する人事はない、ということだ。筆者のこれまでの職務経験でも、人事異動で希望が叶えられたことは残念ながら殆どなかったが（大いに不満を感じたポジションもあった）、後から振り返ってみると、どの仕事も人生においてかけがえのない経験となっている。

アップル創業者のスティーブ・ジョブスのスタンフォード大学の卒業式における有名なスピーチに「点と点をつなげる（connecting the dots）」という一節があるが、振り返ってみると、担当した仕事の一つ一つが点と点でつながっていたことを感じる。

人気のあるポジション、いわゆる花形と言われる部署も、そうでない部署もあるが、上に行くほどポジションの数は限られるため本人の意向に沿った人事を行うことは難しくなる。また、いわゆるエース級という人材ばかりで組織が成り立っていることはない。限られた人材で人事を行わなければならない。あらゆる制約の中で、適所適材

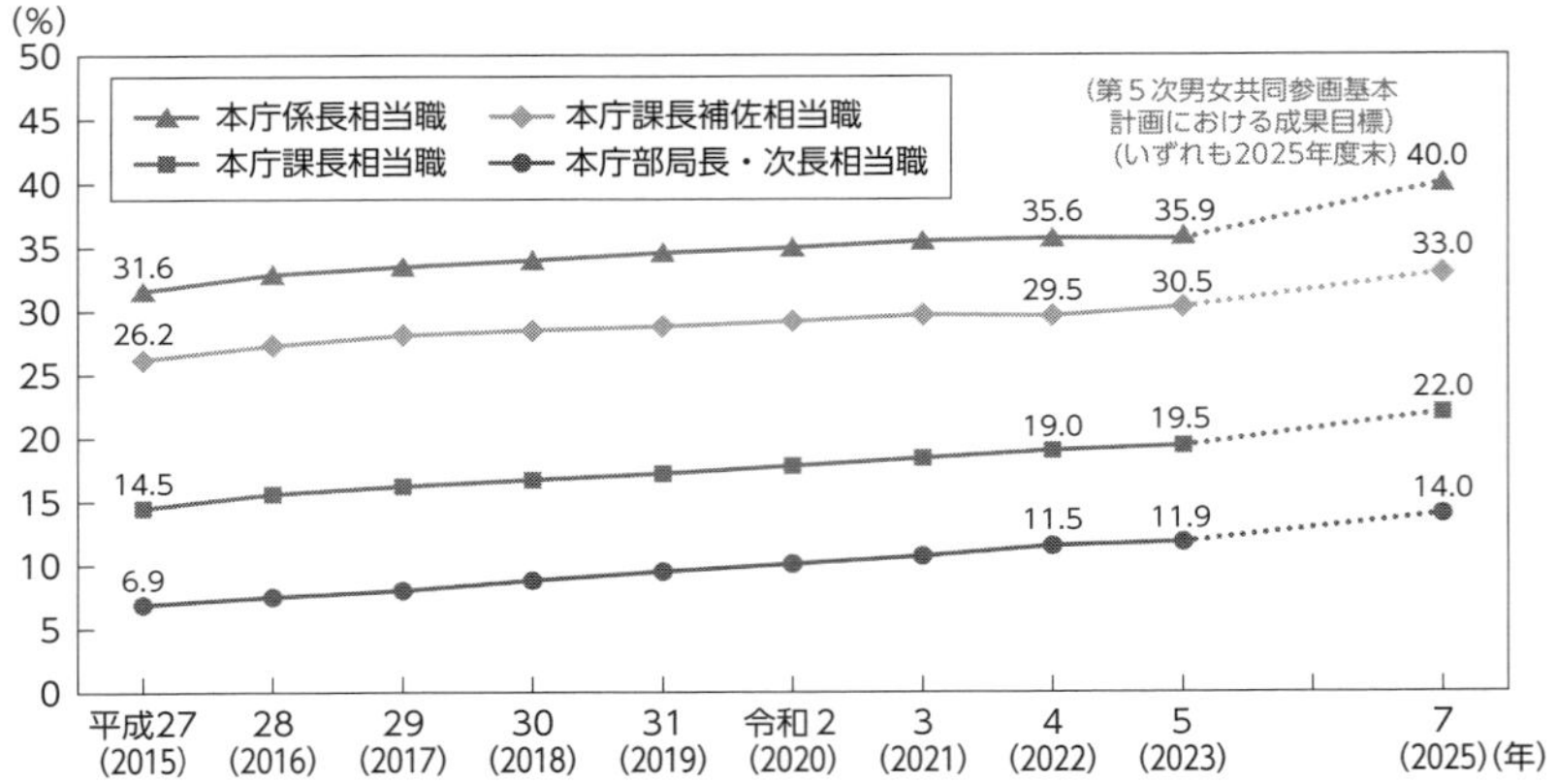

図５－１　市区町村職員の各役職段階に占める女性の割合の推移

出典）内閣府『男女共同参画白書』（2024 年版）

の観点から、地域のため、組織のために各ポジションを誰かに引き受けてもらう作業が人事である。

異動先において目的を明確にして仕事に取り組んでもらえるよう、異動の正式発令後に、首長から直接、重点的に取り組んでほしいことを伝えるプロセスがあると、その後のモチベーションにもつながり、後々になって本人が人生における意義を見出していくことにもなるものと考える。

首長選挙後の人事にも留意が必要だ。自治体の職員自身も有権者であることから、首長選挙が接戦になれば、結果が出た後も、表面上は見えにくいが水面下ではしこりのようなものが残ってしまいがちだ。

熾烈な選挙戦の高揚感から、ともすれば論功行賞的、あるいは報復的な人事をしたい衝動に駆られるかもしれないが、このような行為は報復の連鎖をもたらすことから、絶対に行うべきではない。勝負がついた後はノーサイドにしなければ組織を健全に保つことはできない。

内閣府の「男女共同参画白書」（二〇二三年版）によれば、二〇二一年における市区町村における女性の本庁課長相当職の割合は一八・

四％、本庁部局長・次長相当職の割合は一〇・七％に過ぎない（図５－１）。幹部職員が集う会議のメンバーの大方を男性が占める光景は異様に映る。これまで、我が国の長時間労働慣行や、家庭における性別役割分業意識などの影響から女性の幹部職員への登用は限定的であったが、育児の役割分担の適正化や働き方の見直しなどを図り、女性の幹部職員への登用を積極的に図っていくことが求められる。

二　人物評価

組織において気をつけなければならないのは、相手によって態度を変える人物である。上役に対してはゴマをすり、覚えめでたい人物となるよう振る舞いながら（一般にヒラメと呼ばれることもある）、部下に対しては全く逆の態度をとるような人物がいることに留意しなければならない。人の評価は自分一人の見立てで行うことは危険であり、様々な角度からの意見を聴いたうえで判断することが望ましい。

ある特徴的な一面に影響され、その他の側面に対しても同じように評価してしまうハロー効果（Halo Effect）がよく知られている。明るい挨拶を毎朝する者を何事も積極的に取り組んでいると評価してしまったり、有名大学を卒業した者を無条件で優秀な人物と評価してしまうようなことはポジティブハロー効果、肥満体型の者を自己管理力が低いとみなしてしまうようなことはネガティブハロー効果と呼ばれる。幹部職員の能力はそこで働く職員や住民に与える影響が大きいことから、誰でも就任させてよい職ではないので、シビアな目で評価を行う必要がある。このため、昇任に際しては厳格な選考が必要となる。

近年では、人事評価において上役だけでなく、同僚、部下からも評価を行う三六〇度評価も行われるようになっているが、各種ハラスメントの防止の観点からも、各自治体において積極的な導入が求められる。

三　人材育成

元プロ野球の監督の野村克也は「財を遺すは下、仕事を遺すは中、人を遺すを上とする」という後藤新平の格言を大切にしていたことで知られている（野村克也、二〇一六）。

自治体行政の裏も表も知り尽くした行政経験豊かな幹部職員は毎年、一定数、定年で組織を去る。それまで組織の要として長年奮闘し、職員にも信頼され、首長も頼りにしてきた幹部職員を失うことは組織としても痛い。しかし、いつまでも余人を持って変えがたしとして組織に引き止めておいてしまえば、今度はその下の世代の活躍の場がなくなり、結果として、組織の停滞を招くことになる。組織の新陳代謝は必要なのである。

住民の政府としての自治体は、地域の共同の課題を解決し、公共サービスを提供するため、ゴーイング・コンサーン、永続を前提とした組織である。このため、永続的な人材の育成が必要となる。

そもそも、役所にせよ、企業にせよ管理職は「矛盾する要素、直感、利害、環境、立場、理想の折り合いをつける」（C・I・バーナード、一九五六）極めて困難な判断が求められる職であり、誰でも務まるものではない。まして や部長級ともなれば、管理しなければならない職員も格段に増え、議会対応における役割も重くなるのでなおさらである。誤った人物を登用してしまえば部下の職員への影響も大きいため、厳格な選考が求められる。

マネジメントを学習するには、実務から学ぶＯＪＴと、経験者やメンターから学ぶＯＦＦ‐ＪＴの組み合わせが必要となる。ポジションが人をつくる、とも言われる。少々頼りないと思っても、信頼し、任せることなしに人が育つことはない。

筆者が在任中には、新任の課長級職員、部長級職員に対して、マネジメント講座を開催し、組織の運営ノウハウ、議会対応、式典での振る舞い方などが学習できる研修プログラムを実施していた。

このように、将来の組織を担う幹部候補を見出し、経験を積ませ、育成する人材育成のサイクルを構築するなど、長期的な視点に立って人を遺すことを常に意識した人事政策が必要なのだ。

第三節 財 政

一 財政運営が苦しい要因

我が国には普通交付税の不交付団体は著しく少ない（二〇二二年度においては都道府県で一、市町村で七二団体のみ。総務省、二〇二二）。交付団体の多くは事務配分に応じた必要な財源が不足する中で多様化する行政ニーズに充分に対応することができず、こうした団体で財政運営を任される副市町村長は苦しい財政運営を強いられることになる。副市町村長の悩みの多くは財政運営であろう。

自治体財政がなぜ苦しいのか、それは個別の団体ごとの事情もあるが、そこには自治体財政全般に共通した構造的な問題が潜んでいる。まず、これらを理解した上で、個別の団体の財政運営への対応を考えていくことが望ましい。

第一の要因は、自治体の歳出の大部分は国の法令や制度等に基づいて支出しなければならない部分が占めていることにある。

表５‐１は国と自治体の行政事務分担の状況であり、国と自治体との事務（しごと）配分を表している。自治体

表５－１　国と地方の行政事務の分担

分野		公共資本	教育	福祉	その他
国		○高速自動車道 ○国道 ○一級河川	○大学 ○私学助成（大学）	○社会保険 ○医師等免許 ○医薬品許可免許	○防衛 ○外交 ○通貨
地方	都道府県	○国道（国管理以外） ○都道府県道 ○一級河川（国管理以外） ○二級河川 ○港湾 ○公営住宅 ○市街化区域、調整区域決定	○高等学校・特別支援学校 ○小・中学校教員の給与・人事 ○私学助成（幼～高） ○公立大学（特定の県）	○生活保護（町村の区域） ○児童福祉 ○保健所	○警察 ○職業訓練
	市町村	○都市計画等（用途地域、都市施設） ○市町村道 ○準用河川 ○港湾 ○公営住宅 ○下水道	○小・中学校 ○幼稚園	○生活保護（市の区域） ○児童福祉 ○国民健康保険 ○介護保険 ○上水道 ○ごみ・し尿処理 ○保健所（特定の市）	○戸籍 ○住民基本台帳 ○消防

出典）総務省「地方税の意義と役割」

には国から法令等に基づき義務付けられている事務を執行しなければならないことがすべての出発点にある。

図５－２は地方財政計画（通常収支分）の歳出の分析（二〇二三年度）だが、地方財政計画は自治体が標準的な行政水準を確保できるよう自治体の財源を総額ベースで保障するものとされている。国がなぜこのようなことをするかと言えば、自治体に配分された事務に必要な経費は国が保障する必要があるからだ。

この図を仔細に見ていくと、「補助」の「地方費」（最右列の濃い網掛け部分）だけでなく、「地方単独」の「地方費」（最右列の薄い網掛け部分）についても大半が国の法令等によって歳出が予定されていることが分か

地方財政計画（通常収支分）の歳出の大部分は、補助・地方単独ともに、小中高教職員・警察官等の人件費や社会保障関係費など、国の法令や制度等に基づく経費である。

地方財政計画（令和6年度）【93兆6,388億円】　（単位：億円）

区分	内訳	財源	金額
給与関係経費 202,292	補助 57,571	国費	15,849
		地方費	41,722
	地方単独 144,721	地方費	51,285
		地方費	93,436
一般行政経費 436,893	補助 251,417	国費	111,421
		地方費	139,996
	地方単独 153,861	国の事業団等への出資金等	1,450
		地方費	152,411
	国保・後期高齢者 14,915	地方費	
	デジタル田園都市国家構想事業費 12,500：地方創生推進費 10,000	地方費	
	デジタル田園都市国家構想事業費 12,500：地域デジタル社会推進費 2,500	地方費	
	地域社会再生事業費 4,200	地方費	
投資的経費 119,896	直轄・補助（公共事業等） 56,259	直轄事業負担金	5,471
		国費	26,377
		地方費	24,411
	地方単独 63,637	地方費	
公債費 108,961		地方費	
公営企業繰出金 23,202		企業債の元利償還に係るもの	13,059
		上記以外	10,143
その他 45,144		地方費	

一般行政経費：補助等 61.0%　単独 39.0%

投資的経費：直轄事業負担金 4.6%　補助 42.3%　単独 53.1%

給与関係経費（補助）：小中学校教職員等

給与関係経費（地方単独 51,285）：地方警察官 22,281　消防職員 12,804　高校教職員 16,200

給与関係経費（地方単独 93,436）：児童福祉司、ケースワーカー、公立保育所保育士等の福祉関係職員　等

一般行政経費（補助）：生活保護、介護保険（老人ホーム、ホームヘルパー等）、後期高齢者医療、障害者自立支援　等

一般行政経費（単独）は社会保障など住民に身近な地方の様々な取組に対応

予防接種、乳幼児健診、ごみ処理、警察・消防の運営費、道路・河川・公園等の維持管理費、義務教育諸学校運営費、私学助成、戸籍・住民基本台帳　など

国保・後期高齢者：国保都道府県繰入金、国保・後期高齢者保険基盤安定制度（保険料軽減分）、国保財政安定化支援事業

投資的経費（地方単独）：**清掃、農林水産業、道路橋りょう、河川海岸、都市計画、公立高校　など**

（注）小・中学校、ごみ処理施設、社会福祉施設、道路等の事業で、いわゆる国庫補助事業の継ぎ足し単独や補助事業を補完する事業等、国庫補助と密接に関係する事業も含まれる。

公営企業繰出金：上下水道、病院（高度医療等）等

図5－2　地方財政計画（通常収支分）の歳出の分析

出典）総務省「地方財政関係資料」

表５－２　建設公債主義

・財政法§４　国の歳出は、公債又は借入金以外の歳入を以て、その財源としなければならない。但し、公共事業費、出資金及び貸付金の財源については、国会の議決を経た金額の範囲内で、公債を発行し又は借入金をなすことができる。 ・地方財政法§５　地方公共団体の歳出は、地方債以外の歳入をもつて、その財源としなければならない。ただし、次に掲げる場合においては、地方債をもつてその財源とすることができる。 五　学校その他の文教施設、保育所その他の厚生施設、消防施設、道路、河川、港湾その他の土木施設等の公共施設又は公用施設の建設事業費（略）及び公共用若しくは公用に供する土地又はその代替地としてあらかじめ取得する土地の購入費（略）の財源とする場合

る。歳出が自治体の裁量に委ねられているのは、「デジタル田園都市国家構想事業費」など一部に過ぎない。

第二の要因は、建設公債主義に起因する。

建設公債主義は、我が国において国・自治体に共通した基本的な財政規律となる（表５－２）。

しかし、この建設公債主義がどこまで厳密に適用されているかどうか、その適用度合いについては大きく異なっている。周知のとおり、国では毎年のように特例法の制定により財政法第四条の例外である特例公債を発行し、公共事業費以外の歳入に充てている。一般に赤字国債と呼ばれるものだ。

ところが、自治体財政では、普通交付税の財源不足見合いとしての臨時財政対策債（臨財債）、財政再生団体の再生振替特例債など以外には赤字地方債の発行は認められていない。国境を管理しない地方政府は入退自由なため公債償還のため重税を課すことが困難だからだ。また、立法権を有し、非合法の赤字公債を特例法の制定により合法化できるのは中央政府のみであり、立法権を有さない地方政府はこれができない。

つまり、国においては国債や通貨の発行を自由に行うことができるので資金ショートを起こすことは想定されていないが、自治体はそうではない、ということだ。

第三の要因は、地方公共団体の財政の健全化に関する法律（以下「健全化法」という）の存在に起因する。第二の要因に大いに関連しているのだが、自治体財政は健全化法により、実質赤字比率など資金不足の度合いを各種の指標（健全化判断比率）により厳格に監視される。財政再生団体になれば自治権を喪失し、実質的に国の管理下に置かれ、全国最高水準の住民負担、全国最低水準の行政サービスという状況の下で債務の償還に全力を挙げる名ばかり自治体の状態に陥る。

一方で、国はどうだろう。プライマリーバランスを二〇二五年度までに黒字化を達成する目標はあるが、法律で決まっているのではなく、閣議決定により決められているに過ぎない。また、独立国家において、国を監督する組織はないので、どこかの機関の厳しい監視の下で財政健全化を強いられることもない。

以上の要因以外にも、自治体財政については歳入の自治（地方税法による税率、新税の創設等への統制など）への制約、後述（「二　健全財政を維持する方法」）する歳出の自治における制約などもあり、多くの自治体では厳しい財政運営が余儀なくされる構造にある。

議会などから、地方債の発行を増やすなどして、国がやっているような経済対策を自治体でなぜできないのかと追求されることがあるかも知れない。しかし、中央政府と地方政府の役割が違うため（財政の機能のうち経済安定化機能は中央政府の役割とされる。神野、二〇二二）、自治体は国と同じことはできない仕組みになっているが、その事情が残念ながら一般には理解されていない。機会を捉えて、繰り返し説明を尽くし、理解が得られるよう努めていくしかない。このような状況の中で財政運営を担う副市町村長は苦労が続く。

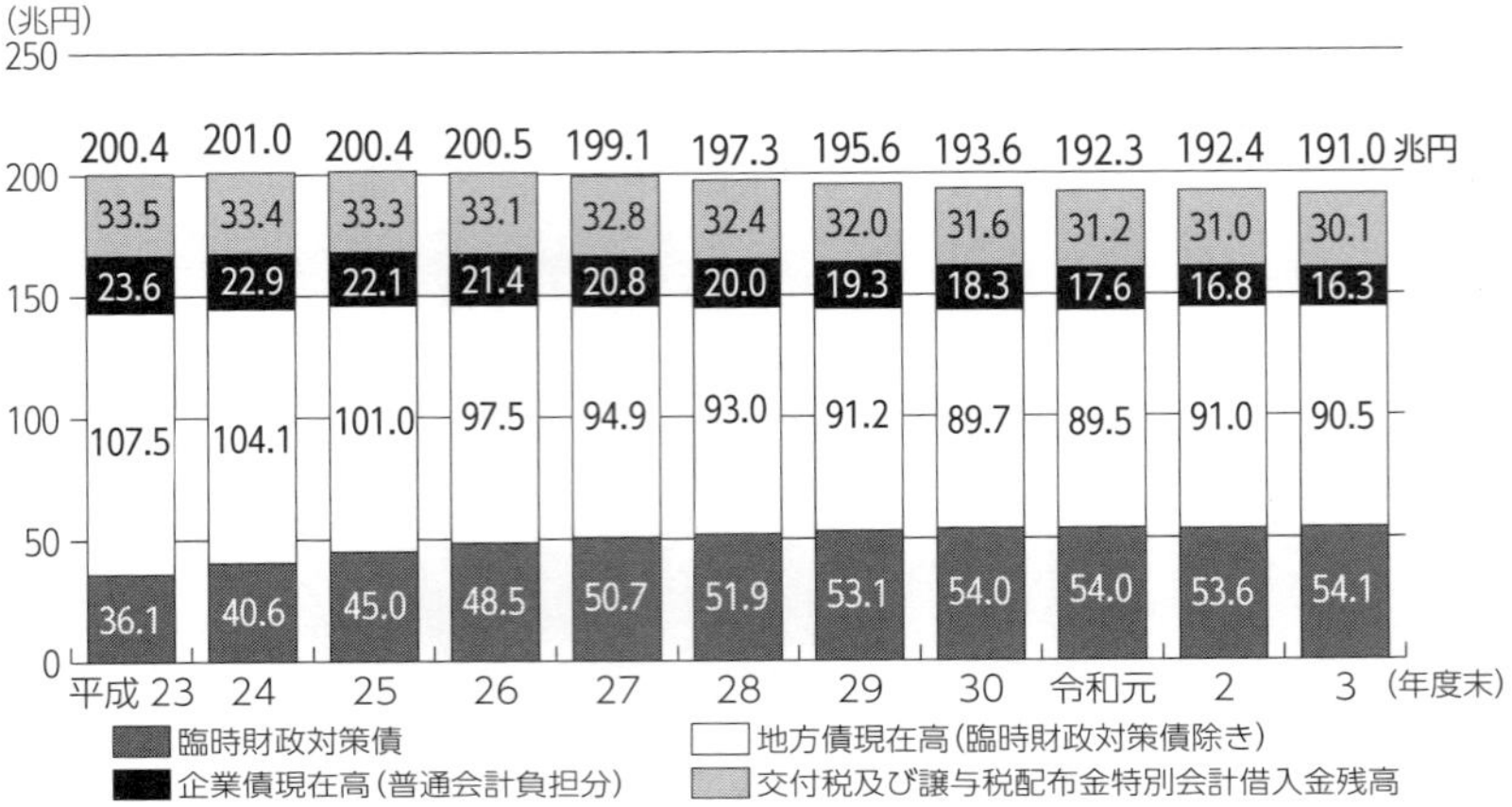

図５－３　自治体の借入金残高（普通会計が負担すべきもの）の推移

出典）総務省『地方財政白書ビジュアル版』（2023年版）

二　健全財政を維持する方法

歳出の自治にも関わるが、バブル崩壊後の一九九〇年代以降、景気対策や銀行・ゼネコンの救済、ガットウルグアイ・ラウンド対策などを目的とした公共投資の拡大に自治体が動員され、その結果、地方財政は多額の借入れを抱えることとなる。交付税特別会計を含め、総額は現在でも一九〇兆円を超える（図５－３）。また、我が国の自治体の債務残高の対ＧＤＰ比は国際的にも突出して高くなった（図５－４）。

公共投資を行う場合、充当率や交付税措置率の高い、いわゆる有利な起債（究極の財政支援と言われた合併特例事業債の場合、充当率九五％、交付税措置率七〇％、過疎対策事業債の場合、充当率一〇〇％、交付税措置率七〇％など）を活用して事業を行うことになるが、この〝有利な起債〟が曲者だ。

交付税措置率は、正確に言えば普通交付税における基準財政需要額への参入率のことである。つまり、普通交付税措置される、と記載された事業があった場合、単に後年度の元利償還金の一定割合が基準財政需要額に参入されることを意味するに過ぎない。交

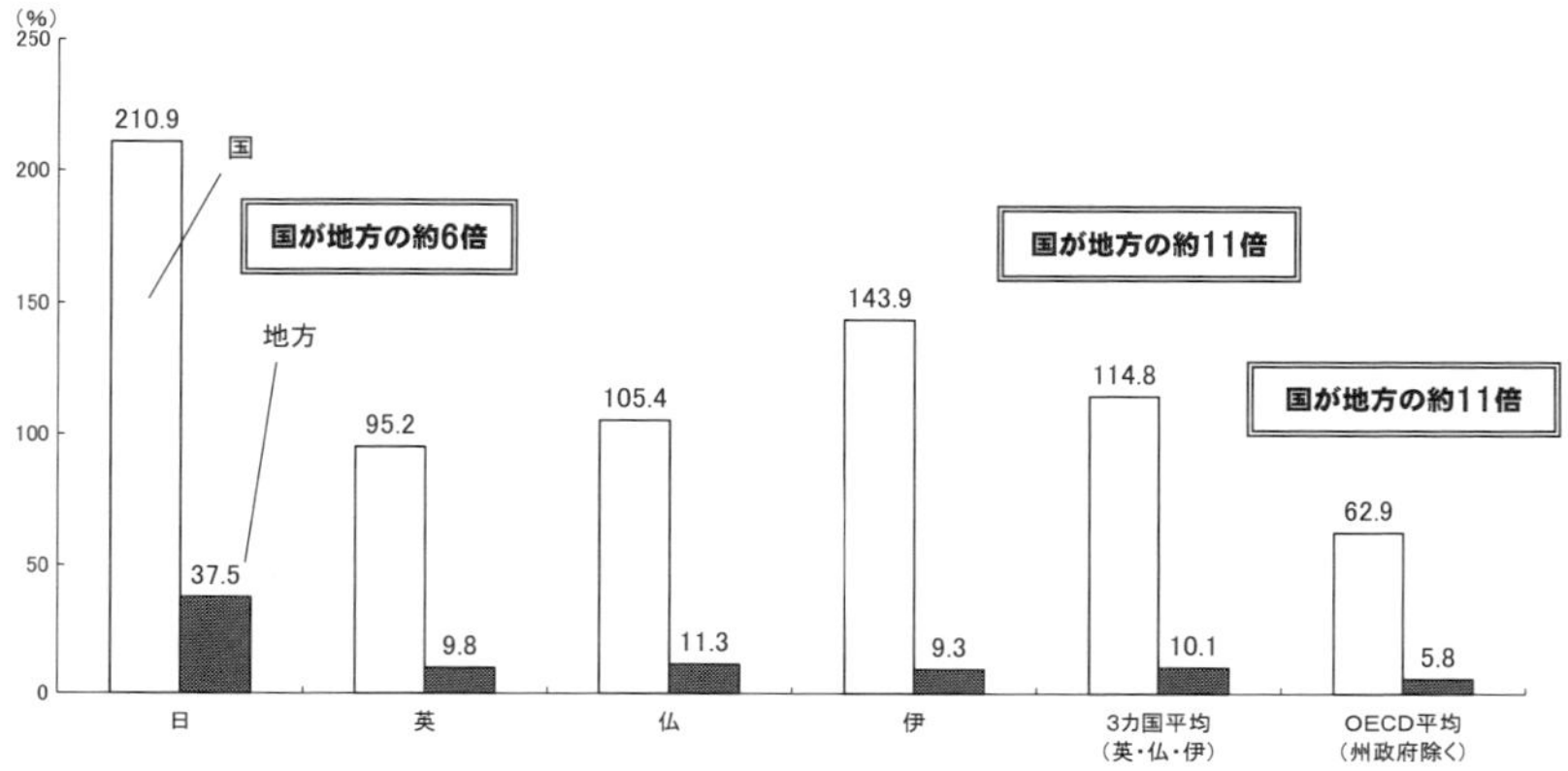

図５－４　国・地方の債務残高（GDP 比）の国際比較【2022】

出典）総務省「地方財政関係資料」

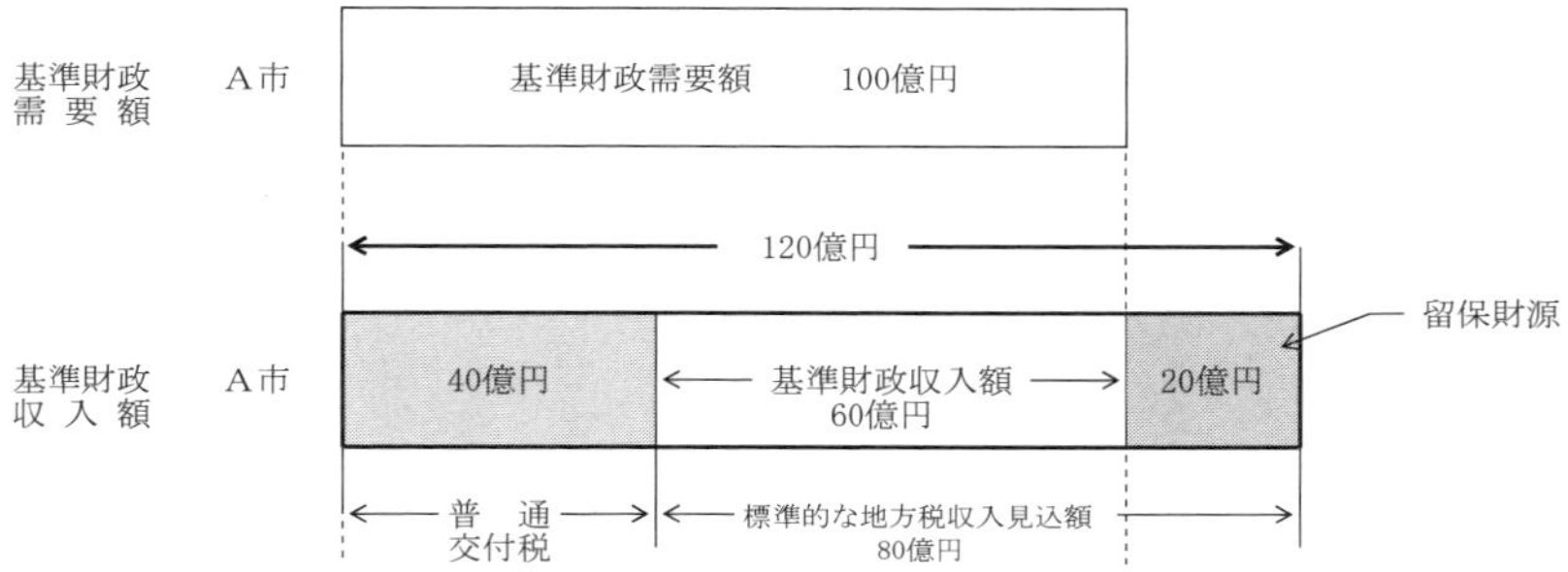

図５－５　普通交付税の仕組み

出典）総務省「地方交付税制度の概要」

付金あるいは補助金のように交付額が約束されたものではないことには、留意が必要だ（普通交付税の算定については図５－５を参照）。

では、充当率に参入されない部分（合併特例事業債でいえば充当率九五％の残りの五％部分）や交付税措置されない部分（合併特例事業債でいえば交付税措置率七〇％の残りの三〇％部分）はどこから生み出されるのかと言えば、図５－５の下段、右側の留保財源が主な出どころになることにも留意が必要である。

この留保財源は、基準財政収入額の二五％に相当する部分なのだが、財政需要の完全な補足が不可能なため、補足できない財政需要に対応するための部分とされる。もう一つは自治体の税収増の努力を阻害しないために留保される部分、自治体の自主性を保証する部分という意味を持つとされる。

この留保財源は、総務省のｗｅｂサイト「指標の説明」では、財政力指数（基準財政収入額を基準財政需要額で除して得た数値の過去三年間の平均値）が高い自治体ほど、留保財源が大きいことになり、財源に余裕があることを意味していると説明されている。つまり、普通交付税による自治体間の財源の不均衡を是正する財政調整機能をもってしても、自治体間には是正されない財政格差が残る、ということになる。

留保財源を意識することなく、有利な起債だからと言って起債を増やしていけば、後年度の償還に首が回らなくなる。財政力指数が低い団体の場合には注意が必要だ。

留保財源は、起債の償還のほかにも、公営企業の基準外繰出、国庫補助事業の裏負担分などにも必要となる。その残りが自治体単独事業に活用できる部分になるので、留保財源にいかほどの余力があるのか、財政部局に試算させることをお勧めする。

ただ、〝有利な起債〟の魔力は大きい。平成の大合併の際、新市町村建設計画に基づき身の丈を超えた建設事業が行われた結果、財政状況を悪化させた自治体が多かったとの指摘がある。

以上踏まえれば、自治体の健全財政を保つためには、大規模な公共投資が予定される場合、税収など一般財源を元手に基金（ある施設を建設することを目的とした特定目的基金など）を貯めてから公共投資に取り組むことが基本原則であり、自治体における健全財政を保つための要諦となる。

もう一つの基本原則は、起債の償還を計画的に行うことである。起債の償還は長いものでは三〇年に及ぶものもあるが、毎年の償還額がいくらになるか、ピーク時の償還額はどれぐらいになるか、計画を策定し、可視化することだ。償還を計画的に行うとは、公共投資を計画的に行うことを意味する。言い換えれば短期間で集中的に建物を建てないことでもあり、それを実現するためには有利な起債の魔力に打ち勝たなければならない。無理のない償還計画が立てられれば、借り過ぎを予防することができる。

施設を保有すればそれがある限り、毎年、維持費や修繕費が必要となることも忘れてはならない。除却までのライフサイクルコストを意識することが必要だ。

三　健全化法

自治体財政は二〇〇七年に制定された健全化法の各種の指標、健全化判断比率により厳格に監視されていることは先に述べた。北海道夕張市における粉飾まがいの会計処理が行われていたことへの教訓を活かし、同法により監査委員による審査、議会への報告、住民への公表が義務付けられ、数値の公正性を保つためのチェック機能が埋め込まれた。

多くの自治体では九月の決算議会の時期に監査委員から審査意見書が提出されるが、この意見書において「〇年度決算ではすべての指標が早期健全化基準を下回っており、財政の健全性は保たれている」という記述がなされることがある。しかし、早期健全化基準、財政再生基準に達していない状態にあることで、財政状況が健全であると安心してよいのだろうか。

全国の自治体の中には、財政状況が悪化していることを住民に周知するための緊急アピールとして財政非常事態宣言を発出することもあるが、そうした自治体の多くは早期健全化基準にすら達していない。これをどのように見るべきなのか。

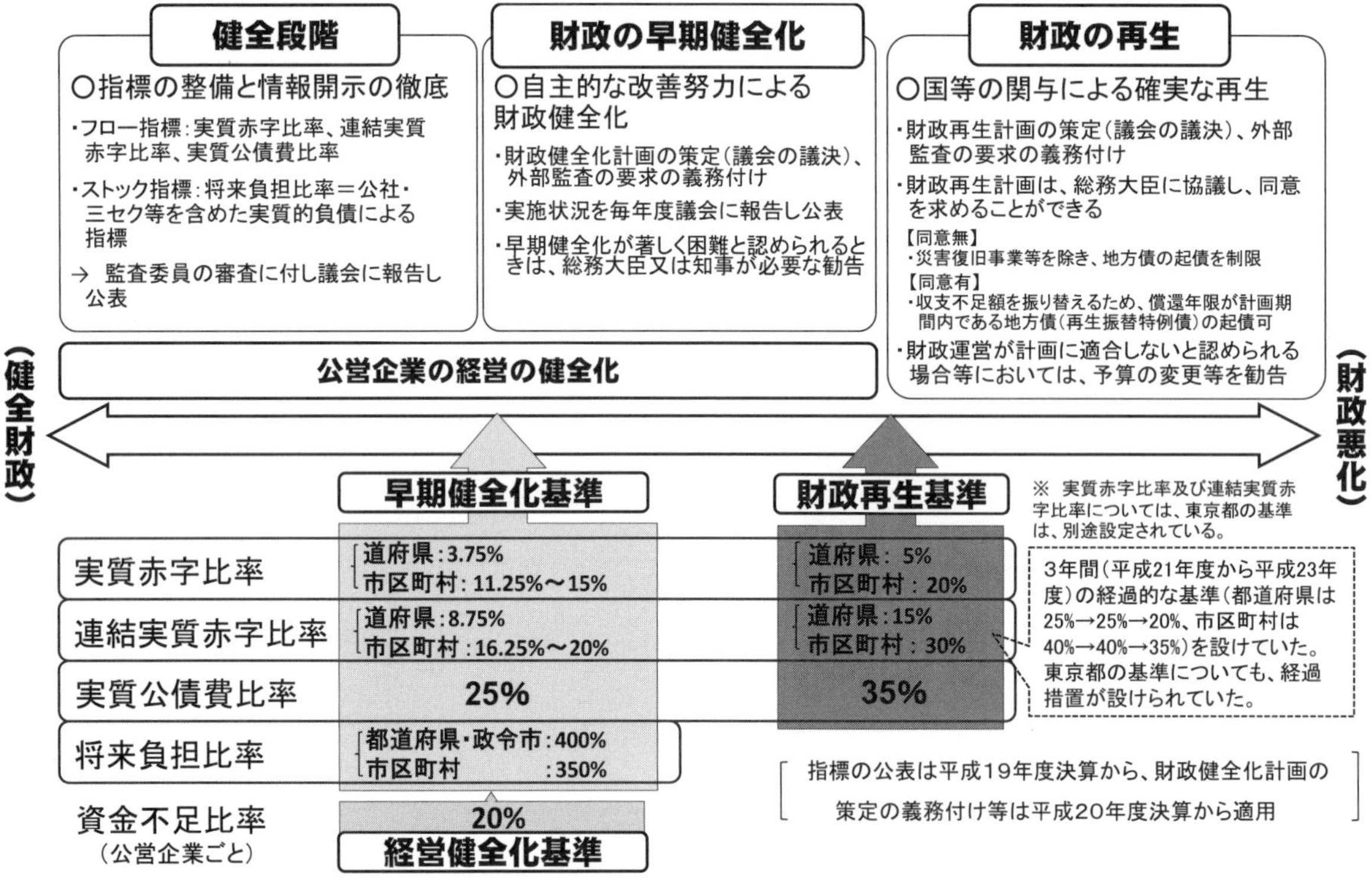

図５－６　健全化法の概要

出典）総務省「『地方公共団体の財政の健全化に関する法律』とは」

図5－6は健全化法の概要であるが、早期健全化基準（「イエローカード」とも呼ばれる）と財政再生基準（「レッドカード」とも呼ばれる）の二段階の基準でチェックが行われていることが分かる。財政再生基準を超過すれば国の関与の下で財政再生に取り組むことになるが、財政再生段階に至るまでは、国が関与せず、自主的な改善努力による財政健全化を期待する制度設計となっている。つまり、健全化法は自力再生可能な範囲で財政悪化を食い止めることを想定した制度であり、早期健全化基準に達していないことをもって財政の健全性が保たれていると解釈すべきではない。せいぜい「現時点において国から健全化を求められる段階ではない」という状況に過ぎないことに留意すべきであり、過信は禁物である。

四　財政運営における留意点

ここで何点か財政運営を預かる副市町村長が留意すべきことを述べる。

(1)　自治体・行政の枠割を逸脱しない

大前提となるのは自治体が地方政府として公共の領域、つまり儲けてはならない経済領域に位置していることである。この原則を忘れ、競争原理が支配する市場の領域に自治体が足を踏み入れればどうなるかはかつてリゾート・観光地開発などに肩入れしすぎたおろかな歴史が証明している。アトラクションやコンテンツは瞬く間に陳腐化する。絶えず顧客を飽きさせないよう更新やメンテナンスが必要となる。行政機関が東京ディズニーリゾートを展開する企業のようなことを行えるはずもない。いついかなるときも自治体の本分を忘れたり、矩をこえることがないようにしなければならない。

(2) 地方財政制度、健全化法制を正しく理解するために努力する

早期健全化基準等に達していない状態を楽観視してはならないことは先に述べたが、自治体財政制度への正しい理解がないまま、何となく、の感覚で財政運営を行うのは非常に危険だ。

制度は複雑でたやすく理解できるものではない。また、改正もあるので、ときに専門書に当たり、情報収集を行うなどして、理解するための努力を怠らずに続ける必要がある。

(3) 先送りしない

これは財政運営に限らないが、課題を先送りすればするほど、雪だるま式に負債が積み重なり、後世において解決するため負担や労力は膨大なものとなる。

では、取り返しのつかない事態を招かないようにどのようにすべきか。それはできるだけ早くその予兆に気づき、問題が小さいうちに対処しておくことである。

財政状況悪化の兆候は、健全化指標への反映前に予算編成プロセスに現れる。歳入が不足し、予算を編成することが難しくなるからである。これに気づくのが財政担当部局と副市町村長の役目だと言える。その予兆に気づいたら、原因を見つけ出し、一刻も早く健全化に取り組まなければならない。

もし、財政状況の悪化が深刻なものであれば、財政非常事態宣言を発するなどして、庁内はもとより住民、議会とも情報や危機感を共有し、可能な限り早期に財政運営を健全化路線に転換していくことが求められる。

間違っても自分の任期中は乗り切れるかも知れない、などという思いは持ってはならない。後世の人々が振り返ればどの時点がターニングポイントだったかは容易に解明が可能だ。住民のものである財政の舵取りを任されてい

予算編成方針会議で財政状況を説明する筆者

る副市町村長は、現在だけでなく、地域の将来にわたって責任を有している。

(4) 基金の積立・活用への戦略を持つ

経済状況の急激な悪化など不測の事態の発生により当初見込んでいた歳入が確保できなかった場合、自治体財政においては翌年度の歳入を繰り上げて歳入不足に充てる繰上充用が認められている。これは歳入の自治に制約が課されている自治体財政にのみ認められている会計手法であり、国にはない（必要のない）仕組みだ。年度途中に歳入不足に陥った場合、あるいは繰上充用が発生した場合、財政調整基金を取り崩し、財源に充てることが可能となる。

また、災害の発生や感染症の急拡大などの不測の事態により予期せぬ財政需要が生じた場合、住民の政府としての自治体は米蔵を開けなければならない。このような場合の備えとしての財政余力のためにも財政調整基金は必要となる。

このように財政調整基金は自治体財政にとって欠くべからざる役割を果たしていることから、自治体財政の生命線とも呼ばれる。これら以外にも、短期の資金繰りのためにも財政調整基金は活用されている。

自治体には財政調整基金以外にも減債基金や目的基金もある。大規模な公共施設整備が予定されている場合にはまず基金の積立を行うのが自治体財政運営の要諦であることは先にも述べた。

概ね五〇年周期で巡ってくる庁舎などの公共施設の建て替えなどへの備えとして目的基金を積み立てることで、各種財政指標の悪化、借り過ぎ状態、地方債の償還に首が回らなくなる事態を回避することが可能となる。

決算剰余が生じた場合には、戦略的に各基金への積立てを行い、不測の事態や将来への備えのため、充分な規模を確保しておく必要がある。

財政調整基金の適正規模は自治体財政運営の経験則上、標準財政規模の一割から二割とされているが、守銭奴のごとくいたずらに基金の積立を増やすことに執着してしまっては公共サービスの提供を担う自治体の役割を果たしてないことを意味することにもなるので、基金の積立ては必要な範囲に留めておかなければならないことは言うまでもない。

(5)　財政運営の目安、規律を策定する

自治体財政には、その健全性を保つため以下のような監視体制が地方自治の制度にビルトインされている。

①建設公債主義の厳格な適用
②予算案の庁内査定プロセスにおける財政部局、首長等による査定
③議会による予算審議（議会の事前統制）

④議会による決算認定
⑤監査委員の監査
⑥事業所管部局における事務事業評価
⑦事業仕分けなど有識者委員会による事務事業評価（自治体によって実施）
⑧財政健全化法の各指標における監視

このように、自治体においては職員がいわゆる評価疲れの状態に置かれ、将来の施策のための時間が充分に確保出来ないという嘆きがきかれるほど財政を二重、三重にモニタリングする仕組みが組み込まれている。これらの仕組みが正常に機能していれば通常は財政状況の悪化は未然に防止することが可能となる。

しかし、これらの仕組みのどこかに機能不全が生じてしまったり、社会経済状況の変化、あるいは三位一体改革のような突然の国の方針の変更などの外的要因で財政状況は悪化してしまう。

健全化法は最後の砦となるが、これにお世話になってしまっては自治を喪失し、自治体とは名ばかりの死に体の状態になる。最悪の状況に陥らないよう長期的な視点の下で、望ましい予算規模、基金の規模、地方債の残高などに独自の目安を持ち、起債・償還、高額な備品、施設、社会インフラの整備、更新、維持管理が計画的に行われるような仕組みを構築することが必要となる。

自治体によっては独自の財政規律を条例などで制定しているところもあるが、財政運営の目安をあらかじめ明示することは最悪の状態に陥る前の段階で踏みとどまるための有効な策として機能しうる。

筆者は副市長在任中、厳しい財政状況に対応するため、財政の規模、財政調整基金残高、地方債発行額、将来負担比率、公営企業への繰出金などの限度額とともに、非常事態宣言を発する目安を定めた、財政健全化の行動計画を策定した（登米市、二〇一九）。財政部局と首長、副市長を中心に共有されてきた財政運営上の暗黙知、苦悩を住民、職員を含めて共有する効果があったと考えている。

五　自治体財政の課題と今後の在り方について

ここでは、自治体財政制度をめぐる様々な課題の中から、筆者が特に関心を寄せている以下の二点について指摘をしておきたい。

(1)　自治体財政の課題

一つ目は「税源の偏在」についてである。これについては、自治体の税財政制度においてかねてから大きな課題の一つとなっていることは承知のとおりである。しかし、近年、看過できない事態が発生している。補助金戦争とも言われているような世界各国の半導体関連企業への補助金による誘致合戦がそれである。

経済産業省は熊本県内に進出する半導体関連の海外企業などに二〇二二年六月に第一弾として四七六〇億円を交付決定しており（経済産業省、二〇二二）、第二弾としても七五〇〇億円規模の補助金が交付される見込みであることが報道されている（熊本放送、二〇二三）。問題は、国策で誘致した企業の税収を立地自治体が独占してしまうことだ。立地企業からの税収のうち、法人税は国税なので事業活動の果実を国民全体で共有できるので問題はない。法人事業税は都道府県税なので税収が県全体で共有されるので問題は少ない（議論の余地はあろう）。一方、法人住民税（均等割・法人税割）の市町村税分と固定資産税は立地市町村だけが独占することになる（もっとも、立地市町村は用地を提供しているので一定の裨益を受けるのは当然である）。

これまで国策で整備された工業団地や電源開発関連施設の税収も同じ構図にあるが、国の補助金で誘致された企業の税収が立地自治体にのみ還元されることで、経済効果が裨益しない自治体との税源の偏在格差は拡大する。地域間の偏在の大きい法人課税の在り方も解決すべき課題ではあるが、国策により誘致した企業の税収を自治体全体で共有する仕組み（交付税の財源とするなど）を創設することが必要である。

二つ目は、交付税の配分プロセスに自治体が関与できないという点である。交付税は、国（総務省）の資料においても「地方の固有財源」として説明されているが、自治体側も、住民も交付税をあたかも国からありがたく頂戴する補助金でもあるかのように誤認してしまっているのは、その配分を国（特別交付税の町村分は都道府県）が独占し、自治体側が関与できないことが原因である。

しかし、この課題については、最近、徳島県において大きな動きがあった。二〇二二年九月につるぎ町、板野町、石井町の三町が二〇二一年度の特別交付税の配分額が不当に減額されたとして、徳島県に対して損害賠償を求める訴訟を起こした、いわゆる徳島県特別交付税減額訴訟がそれである。この訴訟は二〇二四年三月二六日、徳島地方裁判所で和解が成立し、知事による三町への謝罪、特別交付税の特殊財政需要分の配分方法に疑義を与えたことを反省し、これを改めることに加え、特殊財政需要分の配分に関して県が徳島県町村会と協議し、同会の意見を踏まえ、町村にとって適切妥当な制度運用の手法を確立すること、今後、特殊財政需要分の配分方法の概要を徳島県町村会からの要望により県内町村に適切に開示することが合意されるなど、自治体税財政制度において画期的なものとなった。

筆者は、徳島県をモデルに、国とすべての都道府県において、特別交付税の特殊財政需要分の配分額の算定方法を公開し、特別交付税の特殊財政需要分の配分額の決定プロセスに基礎自治体の利害を代表する市長会、町村会が参画する仕組みを導入していくべきであると考える。さらに、国が行っている普通交付税を含めた交付税制度の設

表５－３　地方自治法§10②

住民は、法律の定めるところにより、その属する普通地方公共団体の役務の提供をひとしく受ける権利を有し、その負担を分任する義務を負う。

計、配分額の決定プロセスに自治体代表が参画することを求めていくべきである。これを実現するためには、地方分権改革における提案制度を活用することが有効であろう。現在、地方分権改革は残念ながらかつてのような骨太の議論は影を潜め、提案方式という些末な方式に矮小化され、細々と命脈を保っているに過ぎない状態にある。自治体固有の財源であるはずの交付税の本来あるべき姿を実現するため、全国の自治体が一致団結して行動していくことを呼びかけたい。

(2)　今後の財政運営の在り方について

自治は本来、地域の住民の共同事業としての公共サービスを提供するための負担を分かち合うことで成り立つものであり、このことは負担分任の原則として地方自治法第一〇条第二項に規定されている（表５－３）。

一九六〇年代頃までは多くの自治体で標準税率を超える超過課税が行われていた。

ところが、国は超過課税を解消するよう自治体を指導してきた経緯がある（図５－７）。

交付税制度によるナショナル・ミニマムへの保障が定着・拡充していったことは我が国の国民がどこに居住しようと標準的な公共サービスを享受されるという点では喜ばしいことではあるが、交付税という住民が配分に関与できず、直接負担感を認識しにくい財源が拡充されたことで、住民からも、自治体からも徐々に自立の気概が失われ、国に依存する意識が浸透してしまったように思えてならない（地方固有の財源とされる交付税の内実が伴っていない）。これに加えて、明治以来、機関委任事務制度が長らく続いたことにより、事務執行の細部にまで国にお伺いを立てる習慣が身についてしまったこと

標準税率に関する超過課税が多くの団体で実施されている状況に鑑み、その解消のため以下の通達が出された。

○「地方税法および同法施行に関する取扱についての依命通達」（抄）

（昭和２９年５月１３日付け自乙市発第２２号　各都道府県知事あて自治庁次長通達）

「（略）・・・標準税率（制限税率をあわせて定めるものを含む。）を規定する税目について税率を定める場合においては、住民負担の実情にかんがみ、とくに施設を充実する場合等を除いて、可及的に標準税率によることが望ましいものであること。（後略）」

○「地方税の超過課税の解消について」（抄）

（昭和４４年２月２２日付け自税市発第１６号　各都道府県知事あて自治省税務局長通達）

「（略）・・・地方団体は財政上の特別の必要があると認める場合のほかはできるだけ標準税率によつて課税することは望ましい。（後略）」

○「地方税の超過課税の解消についての内かん」（抄）

（昭和４４年２月２５日付け　各都道府県知事あて自治省市町村税課長内かん）

「（略）

（１）　市町村は、住民税の負担の軽減の要請が強い折から、一般財源の増加状況を勘案して個人の市町村民税を中心に超過課税の解消または軽減に努めること。

（２）　超過課税を行っている市町村の中には、超過課税が固定化されている向きも見受けられるが、このようなことは、本制度が設けられている趣旨からも適当でないと考えられるので、特別な財政需要がある場合を除き、その解消に努めること。

（３）　（略）

なお、以上の趣旨に沿って超過課税の解消または軽減を行った市町村に対しては、特別交付税において相当程度措置するよう財政局と協議済みでありますので申し添えます。」

○　昭和40年代以降における個人市町村民税（所得割）における超過課税実施団体数の推移

年度	S40	S41	S42	S43	S44	S45	S46	S47	S48	S49	S50	S55	S56	～	H19
団体数	1,200	1,158	1,084	1,016	899	577	73	25	7	2	1	1	0	0	1

図５－７　超過課税について（過去の取扱い）

出典）総務省「税率についての課税自主権の拡大について」

も大きい。自ら考えて結論を出すということは、その責任を負うことを意味しているが、長らく続いた時代の習慣を捨て去るのは容易ではない。

大きな財政需要が発生した際など、国から財源を獲得してくるのが首長をはじめとした自治体幹部の役目になってしまっているところもあるが、標準的な水準を超える公共サービスの提供を住民が求めるのであれば、自治本来の姿に立ち返り、超過課税や法定外税の創設など住民が負担を分かち合う方向で解決策を提起していくことも民主主義の発展のために必要なことと考える。

第四節　防災・危機管理

一　防災・危機管理の難しさ

第二章（副市町村長の心構え）で述べたとおり、自治体の役割は数あれど、住民の生命財産を守ることに優先するものはない。我が国は地震が多い国としても世界的に知られ、台風やゲリラ豪雨などの風水害、大雪などの自然災害のリスクに絶えず晒されている。

これらの防災上の危機は、予告なく突然やってくるため、いつ発生するか見当もつかない。しかも、なぜか配備の手薄な休日や夜間を狙ったように発生する。線状降水帯の発生の増加や感染症など新たな危機への対応も必要になっているので、自治体の防災・危機管理を担う副市町村長は在任中、一時たりとも気を抜くことができない。

このように自治体は様々な危機に取り囲まれているが、本節では自然災害への備えを中心に、危機への備えや心構えについて述べる。

二　平時の備え

(1) 過去の記録から学ぶ

まず、過去の災害対応においてどのような対応をとったのか、記録に目を通しておく必要がある。自治体によって名称に相違はあるが、非常配備、特別警戒配備など配備体制が定められており、このランクによって責任者となる本部長や動員される職員の数も変化するのが一般的である。

過去の大規模災害のどのタイミングで、どのような配備体制を敷き、誰がどのように対応したのか、どのような課題があったのか、非常時対応がいつまで続いたのかなど、非常時の行動を予習しておくことが求められる。どの程度の雨量で地域の河川が影響を受けるのか、あるいはどの程度の雨量まで持ちこたえることができるのか、といったことも知っておく必要がある。

このような準備がなければ本番でうろたえてしまい、不十分な対応をとってしまうことになりかねない。

災害発生時は多忙を極めることになるが、後世のため災害対応の記録を残すことにも留意する。文字情報に加え、災害の現場だけでなく、災害対策本部の会議の状況なども含めて写真や映像を残しておくとよい。さらに、対応で不備があったこと、生じた課題と解決方法などについては速やかに改善策を講じることで災害対応のレベルアップが図られ、災害対応の経験を継承することが可能となる。

(2) 訓　練

訓練以上のものは出せない、ということは危機管理の鉄則の一つとして語られる。訓練なしに本番で円滑に行動することは不可能だ。

これは副市町村長だけでなくすべての自治体職員に求められることになるが、総員出動が必要となるような大規模災害の発生を想定し、出動時の装備や持ち物、連絡手段、配備体制、備蓄物資の所在、避難所開設、災害対策本部の開催手順などについて、災害対応のマニュアルを基に確認できるような訓練を最低、年一回程度は行うことが望ましい。

定例の防災訓練が来賓の挨拶が延々と続くようなセレモニー化してしまっているところもあるかもしれないが、そのような内容ではいざというときに支障を来たすことになるので、実戦に役立つ内容に改善する必要がある。

(3) 関係機関との顔の見える関係の構築

大規模な災害が発生した場合、自治体単独での対応は不可能だ。台風や大雨などの風水害発生時には、台風の進路や大雨のピーク時の雨量などの詳細な情報が必要となる。そのときに頼りになるのが地域の気象台である。近年、気象台は自治体との連携に積極的になっている。

このほか、関係機関として自衛隊、警察、河川や道路の分野では地方整備局（ＴＥＣ－ＦＯＲＣＥと呼ばれる支援体制を構築している）、農業水利の関係では地方農政局などがあるが、地域防災会議の構成機関の幹部とは非常事態において連絡ができるよう首長、副市町村長が防災携帯の番号を交換するなどし、平時から顔の見える関係になっておくことが望ましい。

三　有事の心構え・行動原則

⑴　庁舎に駆けつける

先に述べたように、大規模災害は夜間や休日など、配備の手薄な時間帯を狙い発生することが多い。全職員が出勤している平日の日中などに発生することはまれのように感じる。

特に大規模地震はいつ、何時、発生するか、予想することはできない。もし、夜間や休日に発生したら、何をすべきかといえば、まずは真っ先に出勤することである。

住民に最も身近な基礎自治体としての市町村は、被害状況の確認や被災者支援など、待ったなしの対応が求められる。防災・危機管理の責任者の一人として、副市町村長は首長とともに自宅のことはさておいて、直ちに出勤しなければならない。深夜に大規模地震が発生すると、停電に見舞われることもあるので、日常から、緊急時に持ち出す装備や資材類はまとめておいたほうがよい。

⑵　臆病であれ

「大きく構えて小さく収める」、これも危機管理の鉄則の一つとして語られる。

人間には、ここだけは大丈夫だ、あるいは、事態は正常の範囲内だ、といった、自分にとって都合の悪い情報を過小評価し、楽観的に解釈しようとする正常性バイアスと呼ばれる心理的傾向があるとされる。

しかし、危機に際して、楽観的観測は最も排除すべきことだ。常に最悪の事態を想定して行動するような心構えが必要となる。

(3) 空振りを恐れない

大規模な風水害の発生の時に、自治体から避難指示が出されなかったために不幸にも犠牲者が発生した、といった事態が毎年のように繰り返される。

非常時において、どの配備体制をとるべきか、避難所を開設すべきか、避難指示を発令すべきか、いつ発令するか、など悩みは尽きない。気象の状況によっては地域に災害が発生するかどうか、判断しかねるような微妙な状態ということもあろう。このようなときはどのような判断を下すべきか。

発令の遅れは許されないが、空振りは構わない、という危機管理の鉄則に従うことだ。

避難勧告が廃止され、避難指示に一本化されたことで自治体の責任は一層、重みを増している。また、非常配備の発令ということになれば職員全員が出動することにもなるので首長、副市町村長の決断の責任は重い。しかし、住民の生命を守ることに優先するものはないので、グレーゾーンのような状態の場合には首長、副市町村長は躊躇せず配備体制、避難指示の発令を決断すべきだ。

なお、避難指示や避難所の開設については、夜間にこれを行えばかえって危険が伴うことになるので、警報級の予報が察知される場合には、可能な限り、早期に、明るいうちに行うよう心がける。

(4) 臨機応変な対応

大規模災害の現場は、不測の事態の発生の連続であり、確実なものは何もない。

例えば、大雨が降れば、さっきまで通行できていた道路が通行不能となり、パトロールに出た職員が持ち場に戻れなくなってしまったり、過去には浸水したことのない施設が浸水してしまうなど、事前に想定していた行動が取れなくなってしまうことが多々ある。

このように次々と発生する不測の事象に対して、落ち着いて行動するよう心掛ける。

これら以外にも、風水害発生時に備えた防災タイムラインの制定、非常時の配備の長期化に備えた職員の交代制の導入や災害対策本部事務局の中枢を担う防災担当職員の疲弊を防止するための業務の分散、受援体制の整備などの工夫を行い、災害発生時の対応を円滑にするための体制を構築しておくことが必要となる。

四　復旧・復興フェーズの対応

(1)　被災者支援など

当面の危機が過ぎ去った後は、即座に復旧、復興フェーズに移ることになる。可能な限り、速やかに罹災証明、被災証明の発行窓口を開設するとともに、災害ごみ、瓦礫の搬入の手はずを整える。なお、災害ごみについては被災者に対して分別の協力を呼びかけ、搬入場所には担当の職員も配置しておくと、その後の処理が円滑に行える。

また、被害箇所の調査、被害額の算定が必要となる。国等からの支援を受けるためにも、迅速に被害額が算定できるようマニュアルを整備しておくことが望ましい。

(2)　災害発生時の財政運営

大規模な災害が発生すれば、二四時間体制で非常時の対応を担う職員の人件費、避難所運営、災害ごみの処理、道路、橋梁等の社会インフラの復旧工事、公共施設や各種文化財の修繕など、膨大な財政需要が発生する。

我が国においては、一九五九年の伊勢湾台風の教訓を踏まえ一九六一年に制定された災害対策基本法、一九六二年に制定された激甚災害に対処するための特別の財政援助等に関する法律（激甚災害法）に基づき、激甚な災害に対して自治体財政の負担を緩和するために国が財政上の措置を講ずることとされている。

激甚災害に指定（全国規模で指定基準を上回る規模となった災害に対して指定される激甚災害は「本激」、市町村単位で指定基準を上回る規模となった災害に対して指定される激甚災害は局地激甚災害「局激」と呼ばれている）されることで、災害復旧工事における国庫補助率の嵩上げがなされることになる。

また、普通交付税の基準財政需要額の算定では補足されなかった災害などの特別の財政需要に対しては特別交付税が交付される。

このような財政支援の制度があることから自治体は後顧の憂いなく災害復旧・復興に当たることが可能となっている。もちろん、自治体の手出しが全くないわけではないが、住民の信託によって存在する自治体の役割を果たすため、非常事態には惜しむことなく米蔵（金蔵）を全開にしなければならない。

このような際に、財政余力として財政調整基金の積立てを着実に行っておくことが活かされることになる。

第五節　入　札　契　約

一　入札契約事務と副市町村長

自治体発注の公共工事等に関連した自治体職員の逮捕が相次いでいる。毎月のように全国の誰かが逮捕されている有様は行政への不信感のみならず、地方自治そのものへの信頼を損なうことにもなりかねず、残念でならない。自治体行政においてここまで犯罪が発生する分野はほかにはない。

近年は、首長、副市町村長など自治体幹部がその立場を利用して知り得た機密情報を漏洩する事件が多い。政治的影響力を背景に議員が関与する事件も増えている。かつては談合事件といえば予定価格付近での高い落札率を競う傾向にあったが、近年では最低制限価格をめぐる事件が増加している。工事の単価表を不正に入手しようとする事件も厳しい競争環境の中で発生している。

このように自治体における入札契約事務は危険極まりない分野となっているが、全国の多くの自治体において副市町村長が入札執行委員会（自治体によって様々名称がある）の委員長を務めているなど、入札契約事務の執行において、中心的な役割を担っている。なぜ、副市町村長が入札契約事務において中心的な役割を果たしているかについては、地方自治法などの関係法令にはその根拠を求め難く、伝統的に形成された執行体制であろう。

その理由としては、副市町村長が各事業所管部局の上位に位置し、特定の部署の業務を所管することなく一歩離れた立場にいられること、行政の健全性や組織の良識を発揮する最後の砦として公選の政治家ではない特別職の指導力への期待、などが考えられる。

筆者も副市長在任中は、緊張感をもって臨んだ職務の一つであった。自治体行政の健全性を保つ観点から、入札契約事務における留意点を述べておきたい。

二　発注者としての自治体に求められる姿勢

⑴　透明性、公平性の確保

入札契約事務の健全性を保つ上での大前提は、どの事業者にとっても不平等が生じることがない公平かつ透明な制度運営を行うことである。そのためには、制度運営の基準や規則を可能な限り明文化し、公表することが必要となる。こうすることで、発注側の恣意性や裁量を極力、排除することが可能となる。

また、入札契約の基本は一般競争入札であり、指名競争、随意契約は例外、ということを今一度、肝に銘じることである。

ルールを守れない者が出てきた場合には、行政内部、事業者側の双方に対して、法令、規則や契約に基づき、断固たる措置を講じる覚悟が必要となる。

(2)　安ければよい（買い叩き）という意識の排除

最少の経費で最大の成果を挙げることが求められている自治体としては（地方自治法第二条第一四項）、厳しい財政状況に置かれていることもあり、予算の執行に際して極力、節約し、執行残を確保したい、というインセンティブがはたらく。このため、発注者側は低価格での入札が望ましいと考えがちだが、価格を過度に重視すれば、品質確保はおざなりになる。いわゆる、安かろう、悪かろうの状態となり、結果として住民にとって不幸を招くことになりかねない。地域住民の負担で賄われるものだからこそ、品質確保を極力、重視し、競争はあくまでも適正な範囲で行われるよう留意すべきなのだ。

地域は住民と民間事業者の様々な活動で成り立つ。発注者側の姿勢として、事業者の経営が成り立つよう適正な利潤が確保可能な競争環境をつくる意識を忘れてはならない。

ところが、二〇二三年に発生した広島県に本社のある給食事業者の経営破綻の事例を見ても、未だにダンピング入札を許容する自治体が存在することが残念でならない。

この事例では、県立高校に給食提供ができなくなった事業者に代わり、別の事業者から弁当を調達し急場をしのいでいたようだが、その弁当の価格は破綻した事業者と同じ価格（一食四〇〇円程度）であり、報道では弁当事業者の幹部の「四〇〇円でやっていたというのがすごいことだなと、（採算は）まったく合っていませんのでもう奉仕の精神、子どものためだけです」というコメントが紹介されていた（広島ホームテレビ、二〇二三）。採算はまったく合っていないのに、弁当の供給を強いられていた状態だったようである。

筆者が驚いたのは、先の報道で学校関係者が「ありがたいことに今の食材費の範囲の中で仕出しの弁当を提供してもらっている」とコメントしていたことである。発注者側の学校関係者が、この採算度返しで弁当を提供する事業者をあたかも、奉仕の精神による美談でもあるかのようにたたえていた。発注者側として、給食や弁当の買い叩きを正当化していることや、食材費、光熱水費などの急激な物価高騰の影響を一方的に事業者側に負担させる状態を放置し、何ら罪の意識を感じていないようである。

最低限の利益すらあげることができない状態で契約を強いるようなことは、発注者側の姿勢として到底、許されるものではない。

学校給食を学校設置者の行政が直営で提供しようとも、民間委託しようとも、給食の安定供給は設置者たる行政の責務であることには何ら変わりはない。今回のケースではそもそも入札時点で品質を確保するための失格基準の調査が機能しなかったことや、当初契約時点では予見できなかった物価高騰などの経営リスクを事業者側に一方的に負わせていたことに問題があったものと思われる。契約後は何が起ころうとも事業者側がリスクを負わなければならないという考えは誤りであり、給食の安定供給のため契約変更に応じるなど発注者側の柔軟な姿勢が必要になる。

このようなことを防止するためには、総合評価落札方式など価格のみを評価の対象としない入札方式も積極的に導入を図っていくべきである。また、ダンピングを防止するため、物品の調達、委託事業、役務の提供、低入札価格調査制度（広島県では底なしで運用されていた）などあらゆる入札形態において失格基準価格を設定することも必要である。

(3)　地域産業の発展、健全育成を図る制度の運用

発注者側に求められる姿勢は、入札契約の透明性、公平性の確保を図るとともに、地域の事業者の健全な育成にも留意することである。

総合評価落札方式において、週休二日制、社会保険への加入促進、賃上げ、男女共同参画などを加点要素として設定することで、労働環境向上による業界の健全な発展や、地域貢献を奨励する風土を育むことにつながることが期待される。

以上のように発注者としての自治体の入札契約事務においては、透明性、公平性の確保と、地域産業の健全な育成の両面に留意した制度運用が必要となる。

三　不正発生の要因と防止策

本節の冒頭で述べたように全国の自治体において入札契約に関連した逮捕者が発生する状況について述べたが、ここでは、不正の防止策について検討したい。この項の多くは筆者が委員長を務めた香川県土庄町官製談合防止対策検討委員会「官製談合防止対策について（答申）」（二〇二二）による。

(1) 首長への権限の集中

我が国においては自治体の首長を直接公選する首長制（大統領制）がとられている。議決機関の議会に対して、施行機関の長としての首長は住民から直接選出された政治的な正当性を背景に自治体の官僚機構を統轄する強力な存在となる。これが良い方向に作用すれば何ら問題はないのだが、この首長への権力の集中が悪い方向に作用した場合、不正発生の温床となる。

入札契約における権力の集中とは、決定する権限と情報が首長に集中していることである。

自治体においては予算を執行する際、決裁規程等により定められた金額以上の入札契約案件は首長が決裁権者となっていることから、支出負担行為の決定や支出命令等については首長の決裁が必要となる。この決裁の際の設計価格や設計内容を記載した添付資料が価格情報の漏洩の原因となることが多い。

また、自治体によっては予定価格の作成（記入）、封かん作業も首長の執務室において首長に行わせていることから、二重の情報漏洩リスクに晒されている状態にある。このことは自治体の事務執行に潜む実務面のリスクであり、見落とされがちな点だ。

もう一つ見過ごしてはならないこととして、首長が公選の政治家であるため、選挙や政治活動において様々な利害関係者の影響を受ける可能性があるということである。不正防止策を検討する上では、こうした点を前提とした制度設計を行う必要がある。

具体的な不正防止策としては、まずは情報管理の徹底だ。施工伺いの決裁への添付資料を、事業の執行の可否に係る政策判断に必要な情報に留め、詳細な価格に関する資料は添付しない方法があり得る。この対応をすることで、首長以外の管理職員が関与する不正の防止にもつながることが期待できる。

次に、首長に集中した権限に関連する対応だ。小額の入札契約案件まで首長を決裁権者としている自治体においては、不正を防止し、首長はより大きな政策判断に注力する観点から、例えば、○千万円以下の入札契約案件については副市町村長以下の幹部職員に決裁権限を委任することとし、権限の分散を図ることとする。あわせて、決裁区分と予定価格の封かんプロセスを分離し、予定価格の封かんは副市町村長が中心となって行う体制とすることなども必要となる。

これらの対策のほか、積算システムへアクセスできる者の制限、施工伺い作成過程の資料の保管場所の施錠、鍵の保管場所の秘匿などの基本的事項を徹底すべきであることは言うまでもない。

(2) 副市町村長、議員が関与する不正への対策

既述のとおり、副市町村長は自治体の入札契約事務の執行において中心的な役割を担う。その副市町村長本人が関与する不正行為も現実には発生する。また、二元代表制におけるもう一方の代表の議員も、議会が自治体の最終的な意思決定機関となっていることから、議決権という大変大きな権限を有しており、この権限を背景に議員が関与する不正行為も発生する。このような状況を踏まえて不正を防止するためにはどのように対応すべきであろうか。

一つには、行動規範のルール化である。一般職員への各種の研修は多数存在する一方で、首長、副市町村長、議員など特別職を対象とした研修メニューは元々少ない傾向にある。また、自治体職員あるいは議会事務局の職員から強力な権力を持つ特別職に対してあれをやってはいけない、これをやってはいけないといった内容を伴う行動倫理に関する教育訓練を行うことへの遠慮もあり、特別職の公務員はともすれば就任以来、何をしてはならないか、どのような点に留意して行動すべきか分からないまま、言わば裸の王様のような状態で公務に臨んでいる傾向がなき

にしもあらずだ。

このような状況が不正を発生させる温床になる可能性があり、過去の不正事案における原因を分析した上で、特別職を対象とした行動規範を作成し、就任時あるいは定期的に研修を実施することが必要となる。

次に、モニタリング体制の導入である。自治体の入札契約事務の運用状況などを監視するため入札契約監視委員会等の組織を設置し、第三者の視点で事務の執行状況や当該自治体の制度そのものを監視し、勧告できるようにすることが必要だ。多くの自治体において国の指導もあり設置が進んでいる（国土交通省、二〇〇七）。一方、不正が発生してはじめて第三者委員会の必要性に気づくような事例も見受けられることから、積極的な設置をお勧めする。

最後に、組織内部の公益通報体制の確立である。一般職員の行動規範を策定するなどして、強力な権力を持つ特別職から、例えば価格情報の漏洩を迫られたりする場合であっても、これを峻拒することを推奨する組織文化を醸成することも必要だが、権力者から職員を守り、組織内の不正を許容しない体制として、公益通報によりコンプライアンス推進部局や外部の弁護士事務所、第三者委員会の委員等に通報する仕組みをセットで導入することが考えられる。

しかし、自治体のコンプライアンス部局にせよ、自治体が契約する外部の弁護士事務所、第三者委員会の委員にせよ、首長、副市町村長の影響を排し、これを有効に活かす方策を確立しなければ公益通報が有効に機能しない可能性があることには留意が必要だ。また、弁護士事務所の活用にせよ、第三者委員会の委員にせよ、外部の組織の活用を前提とすることから、現行の地方自治制度では想定されていないイレギュラーな対応と言わざるをえない。

これだけ全国の自治体で不正が発生する状況を踏まえれば、監査委員の独立性の向上、役割の拡大を図るなど、地方自治制度における入札契約事務の不正防止策を強化すべき時期にきていると考える。

四　入札契約事務における制度的な課題

現在の入札契約事務には、不正発生の要因となる権限の集中や情報漏洩などの構造的な課題に加え、いくつか制度的な課題が存在する。

一つは、すべての自治体というわけではないが、競争入札が指名競争を中心に運用されてきた点だ。我が国の入札制度においては一般競争入札を原則とし、指名競争入札（随意契約も同様だが）はその例外であるにも関わらず、あたかも指名競争入札が入札制度の基本であるかのように認識する自治体職員も多く見受けられる。指名競争入札は、地域の事業者に受注機会を提供する観点などから行われてきたが、かつては自治体からの指名に不透明な点も多く、指名の獲得をめぐり不正も発生した。現在は指名基準の策定と公表が義務付けられるなど、基準の明確化が求められているが、多くの自治体において指名委員会等の名称で入札執行の審査が行われていることなどをみても従前の認識のままの自治体が多く見受けられる。まずは組織の名称を変更することから始め、一般競争入札を原則とすることへの意識の転換を図るべきであろう。

二つ目は予定価格制度についてである。予定価格とは、発注者側（国・自治体）が事前に予定した競争入札における見積価格を意味する。経済的な調達をするための適正かつ合理的な価格の積算であり、入札価格を評価する基準として活用されるほか、予算執行の際の上限額にもなっている。

我が国においては契約の相手方を決定するに当たっては、予定価格の範囲内の価格の入札者でなければならないこととされており、このことは予定価格の上限拘束性と呼ばれているものだが、このような運用をしているのは先進諸国においては我が国だけである。諸外国では予定価格を超過した落札があった場合は、他の事業からの流用等で対応している（財務省、二〇一八）。

ところが、予算管理を厳格に行う我が国では、このような運用は認められない。このようなことが発注者側の行政機関における買い叩きを正当化する意識の醸成、引いてはデフレを助長する一因となっている可能性もある。予定価格が適正かつ合理的な価格の積算という本来の意味に鑑みれば、そもそも受注者側は予定価格で落札したとしても暴利を貪ることにはならない。以上を踏まえれば、予定価格制度のあり方については本質的な議論をすべき時期に来ているものと考える。

三つ目は、成果品の品質確保を義務付ける法制度が公共工事（関連のコンサル業務を含む）の分野にしか存在しないということである。公共工事の品質確保の促進に関する法律（二〇〇五年法律第一八号。「品確法」）は公共工事の分野を対象とした法律であり、物品調達、役務の提供といった他の分野の入札契約は対象外となる。公共工事は事業者、従業者の数も多く、成果品の出来不出来が国民の生命にも直結するなど国民生活への影響の大きさなどから制定が必要とされたものと考えられる。

現状、国の行政機関においてすべての分野の入札契約事務を統括する部署は存在しないようであり、立法化の機運が高まっている状況でもない。一部の自治体では事業者の適正な給与水準の確保などを目的とした公契約条例の制定も行われてはいるが、その広がりは限定的だ。前述の給食事業者の破綻の事例などを踏まえると、すべての入札契約分野において品質確保を推進するための法制度（品確法の抜本改正や新法の制定）の必要性は高まっていると言える。

【参考文献】

（第一節）

・泉房穂、鮫島浩（二〇二三）『政治はケンカだ！―明石市長の一二年―』講談社。

・香川県土庄町官製談合再発防止対策検討委員会「官製談合防止対策について（答申）」（二〇二二年一二月）。

・熊本放送ｗｅｂニュース「ＴＳＭＣ第二工場に国が『七五〇〇億円規模の補助金』二つ目の工場も「熊本を優先的に検討」」（二〇二三年一一月九日）。https://newsdig.tbs.co.jp/articles/rkk/826323?display=1

・経済産業省ｗｅｂサイト「認定特定半導体生産施設整備等計画」（二〇二二年六月一七日）。https://www.meti.go.jp/policy/mono_info_service/joho/laws/semiconductor/semiconductor_plan.html

・国土交通省『地方公共団体における入札監視委員会等第三者機関の運営マニュアル』（二〇〇七年三月）。

・財務省会計制度研究会（第二回）「予定価格の上限拘束性について」（二〇一八年一〇月二九日）。

・Ｃ・Ｉ・バーナード著、山本安次郎、田杉競、飯野春樹訳（一九六八）『経営名著シリーズ２　新訳　経営者の役割』ダイヤモンド社。

・神野直彦（二〇二一）『財政学　第三版』有斐閣。

・総務省ｗｅｂサイト「国・地方の債務残高（ＧＤＰ比）の国際比較【二〇二二年】」地方財政関係資料。https://www.soumu.go.jp/main_content/936410.pdf

・総務省ｗｅｂサイト「指標の説明」。https://www.soumu.go.jp/main_content/000849994.pdf

・総務省ｗｅｂサイト「税率についての課税自主権の拡大について」。https://www.soumu.go.jp/main_content/000174389.pdf

・総務省ｗｅｂサイト「『地方公共団体の財政の健全化に関する法律』とは」。https://www.soumu.go.jp/iken/zaisei/kenzenka/index1.html#:~:text=%E5%81%A5%E5%85%A8%E5%8C%96%E6%B3%95%E3%81%A7%E3%81%AF%E7%9B%A3%E6%9F%BB,%E6%94%B9%E5%96%84%E5%8A%AA%E5%8A%9B%E3%82%92%E4%BF%83%E3%81%97%E3%81%BE%E3%81%99%E3%80%82

・総務省ｗｅｂサイト「地方交付税制度の概要」。https://www.soumu.go.jp/main_content/000958552.pdf

・総務省ｗｅｂサイト「地方財政計画（通常収支分）の歳出の分析」地方財政関係資料。https://www.soumu.go.jp/main_content

/000936398.pdf

・総務省ｗｅｂサイト『地方財政白書ビジュアル版（二〇二三年版）』。https://www.soumu.go.jp/iken/zaisei/r05data/chihouzaisei_2023_jp.pdf

・総務省ｗｅｂサイト「地方税の意義と役割「国と地方との行政事務の分担」」。https://www.soumu.go.jp/main_sosiki/jichi_zeisei/czaisei/czaisei_seido/150790_02.html

・総務省ｗｅｂサイト「二〇二二年度　不交付団体の状況」。https://www.soumu.go.jp/main_content/000826808.pdf

・内閣府『男女共同参画白書』（二〇二四年版）。

・日本経済新聞ｗｅｂサイト「「ハングリーであれ。愚か者であれ」ジョブズ氏スピーチ全訳　米スタンフォード大学卒業式（二〇〇五年六月）にて」（二〇一一年一〇月九日）。https://www.nikkei.com/article/DGXZZO35455660Y1A001C1000000/

・野村克也（二〇一六）『野村克也人生語録』講談社。

・P・F・ドラッカー著、上田惇生編訳（二〇〇一）『【エッセンシャル版】マネジメント―基本と原則―』ダイヤモンド社。

・広島県ｗｅｂサイト、教育委員会事務局学校経営戦略推進課「県立学校における寄宿舎給食調理業務の委託業者との契約解除及び今後の対応について」（二〇二三年九月一四日）。https://www.pref.hiroshima.lg.jp/uploaded/attachment/547681.pdf

・広島県教育委員会ｗｅｂサイト「教育長記者会見質疑応答」（二〇二三年九月八日）。https://www.pref.hiroshima.lg.jp/uploaded/attachment/548703.pdf

・広島ホームテレビｗｅｂニュース「広島県内七つの高校で給食が突然ストップ　業者は破産手続きに向け準備中」（二〇二三年九月六日）。

・宮城県登米市ｗｅｂサイト「登米市財政健全化中期行動計画」（二〇一九年一一月一二日）。https://www.city.tome.miyagi.jp/zaisei/shisejoho/gyose/yosanzaise/documents/zaiseikennzennkatyuukikoudoukeikaku.pdf

第六章　副市町村長に関連した事件・事案

副市町村長の公務における活動は、首長を陰で支える黒子役、裏方であることから、普段はさほど注目されることはないが、副市町村長が関与する犯罪や不祥事が発生した際には公人として世間の耳目を集めることになる。これは、事務方のトップとして、行政実務を適正、公正に遂行する役割が期待されていながら、それを裏切ったことへの失望、怒りの表れであると言えるが、残念ながら、このような事件・事案は後を絶たない。

ここでは、副市町村長の行動の参考となるよう、近年、副市町村長が関与、あるいは当事者となった事件・事案をいくつか例示したい。筆者自らへの戒めでもある。

※本章中の関係者の肩書きは当時のもの

第一節　入札談合で逮捕されたケース

一　宮崎県串間市（二〇二三年一一月頃）

事件・事案の概要：市消防庁舎新築工事設計業務の指名競争入札をめぐり、官製談合防止法違反などの疑いで副市長ら四人が逮捕された（表6－1）。

表6－1　「副市長はいわゆる『悪代官』のイメージだ」と話す人も
串間市官製談合事件　概要とポイント【記者解説】（抄）

地元関係者によりますと、「2人は数十年にわたる関係で、少なくとも20年以上前に副市長が市議会議員で当選したときから非常に繋がりが深かったと言われています。副市長は、いわゆる『悪代官』のイメージだ」と話す人もいます。 （＊筆者注：個人の氏名は割愛）

出典）宮崎放送（2023年12月7日）

事件・事案の背景など：容疑者の副市長は元市職員で市を退職後、市議に転じ、二〇二〇年四月に副市長に就任した人物のようだ。市議会一般質問では、一部事業者と頻繁に酒席を共にしていたのではないかという指摘もなされている。

指名競争入札において発注側の市の裁量が働く仕組みであったことや、特別職の行動規範などの問題点が浮き彫りになった事件である。指名競争入札の参加資格の明確化や一般競争入札を原則とした運用にすることの重要性に加え、政治家だった人物が入札契約の執行の責任者となった場合の公正性、公平性の確保の難しさを表しているケースであると言える。

二　徳島県藍住町（二〇二三年二月頃）

事件・事案の概要：学校給食用の食肉の納入業者の選定をめぐり、特定の事業者に受注させるため、副議長の求めに応じ、副町長が他の事業者の見積価格を漏洩したとして、官製談合防止法違反などの疑いで副議長、副町長らが逮捕された。

事件・事案の背景など：副町長は議会対策を有利にするために、副議長に便宜を図ったようである。なお、全国的に議員が関与する官製談合事件は度々発生している。議員や副市町村長など強力な権限を持つ特別職が関与する犯罪行為をいかにして防止するか、自治体行政のあり方が問われている。

表6－2　官製談合の調査委員長だった副市長、「一身上の都合」で突如辞職…4日後に逮捕（抄）

同市では、契約監理課の課長補佐が官製談合防止法違反容疑などで昨年4月に逮捕され、前橋地裁は有罪判決を言い渡した。容疑者（＊筆者注：元副市長、以下同様に表記）は、事件を受けて市が設置した「官製談合原因究明調査委員会」の委員長に就き、今年2月に再発防止策などに関する意見書を市長に提出していた。 市長は、昨年の事件を受けて市が設置した調査委員会の委員長を元副市長が務めたことについて「重く受け止めている」と話したが、元副市長が副市長として工事や入札を所管していたとして、「それ以外の選択肢はなかった」と述べた。 市は昨年の事件を受けた再発防止策として、予定価格を事前に公表し、調査委員会の意見書に基づき、公共工事は原則として指名競争入札をなくし、一般競争入札にすることにした。市長は今回の事件を受けて対策を強化するか聞かれると、「十分な体制が整っているので、考えていない」と話した。 （＊筆者注：個人の氏名は割愛）

出典）読売新聞オンライン（2022年11月5日）

三　群馬県前橋市（二〇二二年一一月頃）

事件・事案の概要：水道管改良工事の入札で予定価格を漏洩したとして、官製談合防止法違反などの疑いで元副市長（当時、二〇二二年一〇月末に一身上の都合を理由に退任）らが逮捕された（表6－2）。

事件・事案の背景など：前橋市では、二〇二一年四月に官製談合防止法等の疑いで総務部契約管理課の課長補佐が逮捕されたことを受け、官製談合原因究明調査委員会を設置し、再発防止策を検討したが、委員会で委員長を務めていたのが逮捕された元副市長であった。逮捕容疑の入札が二〇二〇年中に行われていたことを踏まえると、再発防止策の検討を行った事件よりも前だったようである。どのような心境で座長を務めていたのであろうか。生きた心地はしなかったであろう。なんとも皮肉な結末となった。

四　長崎県南島原市（二〇一四年五月頃）

事件・事案の概要：市発注の電気設備工事の指名競争入札で最低制限価格が類推可能な情報を漏洩したとして、官製談合防止法違反などの疑いで市長、副市長ら七人が逮捕された。

事件・事案の背景など：首長、副市長が同時に逮捕されるという事態は極めて異例である。幸いにも、ここでは副市長が二名いたため、残った副市長が市長の職務代理を務め、行政機能はかろうじて維持されたようだが、あってはならない事件である。

第二節　職員採用において不正をはたらき逮捕されたケース

一　福岡県みやこ町（二〇二一年五月頃）

事件・事案の概要：職員採用試験をめぐり、子息の採用を働きかける議員からの求めに応じ、副町長が最終面接の質問内容を同議員に漏洩、議員（あっせん収賄）、副町長（地方公務員法違反）らが相次いで逮捕された。

事件・事案の背景など：副市町村長は、職員採用試験における最終面接官となることが多い。昔ほどではないが、自治体は農山漁村においては農協、銀行と並ぶ有力な就職先になっている。いまだに子息の採用を議員に頼る有権者が存在することは残念でならない。民主主義の発展は住民の政治的見識の如何にかかっていることの自覚が欠けている。議員の政治倫理に基づいた行動が求められるのはもちろんだが、何よりも、受験者の努力が公平に評価されるよう試験制度が運用されなければならない。この分野においても副市町村長の役割は重い。

表６－３　佐伯市元副市長「まさか逮捕とは」　公選法違反で罰金（抄）

大分県佐伯市長選を巡る選挙違反事件で、公職選挙法違反（地位利用、事前運動）の罪で大分簡易裁判所から罰金の略式命令を受けた両元副市長が４日、釈放後に朝日新聞の取材に応じた。Ａ容疑者（61）＝辞職＝とＢ容疑者（63）は「市政に大きな混乱を与え、誠に申し訳ございません」と謝罪の弁を語った。両氏ともスーツ姿で、疲れた表情をにじませていた。 Ａ氏は、「逮捕されるとは思っていなかった。認識が甘かった」とした上で、具体的な手口を語った。 市長選には、両氏が支援した市長のほか、市職員の労働組合が支援する候補も立候補していた。Ａ氏は動機について、「市長が勝つことは分かっていたが、市職労は別の候補を支援しており、市として格好を保つ必要があった」と説明した。 Ａ氏によると、市職労に加入していない管理職は部長や課長の計83人。３月16、17日の勤務終了後、Ｂ氏と手分けしてそれぞれが担当する部署の幹部を副市長室に呼び出し、市長の支持者を募る「協力者カード」を手渡して、集票を依頼した。Ａ氏は計16人、Ｂ氏は計12人にカードを手渡したという。 （＊筆者注：個人の氏名は割愛）

出典）朝日新聞 DIGITAL（2021年６月５日）

第三節　地位を利用し、自治体組織内で選挙運動を行い逮捕されたケース

一　福岡県佐伯市

（二〇二一年四月～五月頃）

事件・事案の概要：二〇二一年四月に行われた市長選挙をめぐり、市の管理職に対して現職支援の働きかけを行ったとして、公職選挙法違反の容疑で二人の副市長が相次いで逮捕された。最終的には管理職員六七人が処分される事態となった（表６－３）。

事件・事案の背景など：特別職は地方公務員法における政治的行為の規制は適用されないが、公職選挙法における地位利用による選挙運動の禁止の規定（同法第一六三条の二）は一般職・特別職を問わず、すべての公務員に適用される。本件では市長は関与しておらず、二人の副市長の自発的な行動であったようだが、管理職員の誰からも疑問の声が上がらなか

ったのは残念である。

第四節　ハラスメントが問題となるケース

一　愛知県津島市（二〇二三年五月～一二月頃）

事件・事案の概要：職員組合が実施したアンケート調査の結果、パワーハラスメント問題が認識されたことを受け、市が職場環境改善に対する第三者委員会を設置。市が実施したアンケート調査の中間報告書が二〇二三年一〇月二〇日に公表された。その結果、特別職（市長、副市長、教育長）がパワハラの行為者との回答が一〇五件あった（職員数四九九人、回答者三〇一人）。委員会の最終報告は二〇二三年一二月に公表された。

事件・事案の背景など：特別職がパワハラの行為者という回答が一〇五件もあることは、職員数との比較においても相当の割合にのぼる。パワハラに限らず、各種のハラスメントに対する社会の認識は年々、厳しくなっている。他の自治体ではパワハラの訴えが職員から議員になされ、副市長の再任が否決された事例もある。

指示の出し方、仕事が思い通りにいかなかったときの感情表現、職員との距離のとり方など、細心の注意が求められる。

第五節　副市長退任後の再就職先において不正をはたらき逮捕されたケース

一　東京都日野市（二〇二一年二月頃）

事件・事案の概要：二〇〇九年六月まで同市助役、副市長を三期一二年にわたり務めた後に退任、その直後から二〇一九年三月まで市立病院の非常勤特別職や院長相談役として勤務するかたわら、土地区画整理組合への違法な兼業により二重に報酬を受けていた。さらに、土地区画整理事業において市から助成金を不正に詐取したとして逮捕された。

事件・事案の背景など：助役、副市長を長期間、務めた人物が、退任後も長きにわたって市の関係機関に任用されたこと自体、異常な状態であったと言える。なぜ、長期にわたってこのようなことが見過ごされてきたのか、甚だ疑問である。退任後まで影響力を振るえる状態を許してきたトップの責任は大きい。

第六節　緊急事態宣言下で家族と会食を行い処分されたケース

一　岩手県花巻市（二〇二一年八月頃）

事件・事案の概要：新型コロナウイルスの感染拡大に伴う県独自の緊急事態宣言下において、市内飲食店で家族一三人と会食を行い、市民の信頼を損ねたとして、市長（監督責任）、副市長が給料の減給処分（一〇％減、二カ月）

により責任をとることとなった。

事件・事案の背景など：県民に行動自粛を呼びかけている中で、副市長が親族を集めた大人数の会食を開催、それを目撃した住民から市にメールで通報がなされたようである。副市町村長の行動は公務、プライベートに限らず常に見られていることに留意しなければならない。

第七節　酒気帯び運転で逮捕され、解職されたケース

一　熊本県小国町（二〇一七年一月頃）

事件・事案の概要：総務省から地方創生人材派遣制度により町に出向した副町長が酒気帯び運転で逮捕され、地方自治法に基づき解職。派遣元の総務省では通常は課長補佐級で復帰させるものを係長級で復帰させる処分を行った。

事件・事案の背景など：一般職員では懲戒免職を含む厳しい処分となるのが通常で、法に基づく解職は当然のことである。ただ、復帰後の国において単に降格処分とされたことは特別職として出向させた自治体に多大な迷惑をかけたことや、特別職の職責の重さに鑑みれば寛大に過ぎるのではないかという印象を受ける。

【参考文献】

・愛知県津島市ｗｅｂサイト「職場環境改善のためのアンケート結果の中間報告書」（二〇二三年一〇月二五日）。https://www.city.

tsushima.lg.jp/shisei/syokuinsaiyou/tyuukanhoukoku.html
・朝日新聞ＤＩＧＩＴＡＬ「佐伯市元副市長「まさか逮捕とは」公選法違反で罰金」（二〇二一年六月五日）。https://www.asahi.com/articles/ASP64777TP64TPJB00K.html
・岩手県花巻市ｗｅｂサイト「副市長が別居を含む家族と会食を行ったことに関し、市長及び副市長の給料を減額します」（二〇二一年八月二五日）。＊筆者注：個人の氏名は割愛。https://www.city.hanamaki.iwate.jp/_res/projects/default_project/_page_/001/014/954/202108-01.pdf
・岩手県花巻市ｗｅｂサイト「令和三年八月臨時記者会見を開催しました」（二〇二一年八月一九日）。https://www.city.hanamaki.iwate.jp/shisei/shicho/kisyakaiken/1014180/1014927.html
・大分県佐伯市ｗｅｂサイト「佐伯市職員の公職選挙法等の違反に係る調査報告及び再発防止に向けた取組について」（二〇二一年一〇月二一日）。https://www.city.saiki.oita.jp/kiji0035806/index.html
・大分県佐伯市ｗｅｂサイト「【八月二〇日】市民の皆様へ・市長メッセージ」（二〇二一年八月二〇日）。https://www.city.saiki.oita.jp/kiji0035634/index.html）
・群馬県前橋市ｗｅｂサイト「官製談合原因究明調査委員会について」。https://www.city.maebashi.gunma.jp/soshiki/somu/gyoseikanri/gyomu/4/5/27902.html
・群馬県前橋市ｗｅｂサイト「前橋市官製談合再発防止対策第三者委員会について」（最終閲覧日：二〇二四年一月一五日）。https://www.city.maebashi.gunma.jp/soshiki/somu/gyoseikanri/gyomu/4/6/36480.html
・総務省ｗｅｂサイト「総務省から熊本県小国町に出向した職員に対する処分・対応等に関する件」（二〇一七年二月一日）。https://www.soumu.go.jp/menu_news/s-news/01kanbo01_02000486.html
・総務省ｗｅｂサイト「総務省から熊本県小国町への出向職員の酒気帯び運転の疑いによる逮捕に関する件」（二〇一七年一月二五日）。https://www.soumu.go.jp/menu_news/s-news/01kanbo01_02000485.html
・東京都日野市ｗｅｂサイト「コンプライアンス事例」。https://www.city.hino.lg.jp/shisei/gyozaisei/1017459/index.html
・徳島県藍住町ｗｅｂサイト「令和五年二月に発生した元副町長及び元副議長の不祥事を受けた事務処理の見直し・改善等について」（二〇二三年五月一七日）（最終閲覧日：二〇二三年一二月二日）。https://www.town.aizumi.lg.jp/docs/2023051600010/

・徳島県藍住町ｗｅｂサイト「令和四年一二月に発生した前副議長及び会計年度任用職員の不祥事を受けた事務処理の見直し・改善等について」（二〇二三年二月二二日）（最終閲覧日：二〇二三年一一月二日）。https://www.town.aizumi.lg.jp/docs/2023022200027/

・長崎県南島原市議会ｗｅｂサイト「二〇一四年六月定例会（第二回）」（二〇一四年六月一七日）。https://ssp.kaigiroku.net/tenant/minamishimabara/SpMinuteBrowse.html?tenant_id=325&view_years=2014

・福岡県みやこ町議会ｗｅｂサイト『議会だより　みやこ』第六六号（二〇二一年八月一日発行）。https://www.town.miyako.lg.jp/gyougikai/gikaikouhou/documents/gikai66.pdf

・宮崎放送ｗｅｂサイト「「副市長はいわゆる『悪代官』のイメージだ」と話す人も　串間市官製談合事件　概要とポイント【記者解説】」（二〇二三年一一月七日）。https://newsdig.tbs.co.jp/articles/mrt/881902?display=1

・読売新聞オンライン「官製談合の調査委員長だった副市長、「一身上の都合」で突如辞職…４日後に逮捕」（二〇二二年一一月五日）。https://www.yomiuri.co.jp/national/20221104-OYT1T50217/

第七章　職務上の留意点と心構え

これまで見てきたように副市町村長は、首長とともに自治体の最高経営責任者の一人であり、その責任は自らの任期を越えた地域の未来に対しても負うことになることから、相応の心構えが必要となる。ここでは就任後、直ちに実行すべきことや職務上の留意点とあわせて述べておきたい。

第一節　就任時に直ちに実行すべきこと

一　自治体の基本的方針等の確認

これは、就任後というより、就任前、就任することが決まった時点で実施すべきことだが、総合計画など自治体におけるまちづくりの将来ビジョンや施策の方向性を確認しておくことが望ましい。

同時に、財政状況について確認しておく必要がある。総務省がホームページで公表している「財政状況資料集」という全国統一の様式で編集されている非常に便利な資料がある。近年では公会計改革を反映した施設の老朽化度合いについての情報も追加されているので、就任前に学習しておくとよい。

二　前任者からの引継ぎ

副市町村長の事務引継については地方自治法、同法施行令に基づき行わなければならないこととされており、これを拒めば罰金が課されることになる（表７－１、表７－２）。

条文上は首長から副市町村長が委任を受けた事務は首長に引き継ぐこととされている。これは首長の代理者としての職務の特殊性や後任の副市町村長を置かないケースを想定した規定となっているが、一般的には退任する者と新たに就任する者との間で引継ぎがなされるのが通例となっている。

したがって、各自治体で前任者の退任前に日程が設定されるので、充分な時間が確保できるよう要請するとよい。その際に、未解決の懸案事項や疑問の点を確認しておいたほうがよい。

なお、引継ぎを受けた側も、いつかは必ず退任することになる。自治体組織は永続を前提としたゴーイング・コンサーンであり、自らの任期は長い歴史の中での一部分に過ぎない。任期中に何ができたか、懸案として残さざるをえなかったことは何かなど、まだ見ぬ後任者に円滑に事務の引継ぎができるよう、引き際を見定めたら引継ぎ書を作成し、丁寧な引継ぎを行ってほしい。

三　各部局の所管事項説明・懸案事項の把握

首長も副市町村長も就任後、各部局からひととおり所管事項説明を受けることが通例となっている。部局の幹部との初めての対面の機会でもある。時期によっては部局長も着任直後の可能性もあり、部局内の状況を把握できていないこともあるかも知れないので、実務を担う課長級の職員にも参加していただくことがよいであろう。

表７−１　地方自治法（抄）

§159　普通地方公共団体の長の事務の引継ぎに関する規定は、政令でこれを定める。
②　前項の政令には、正当の理由がなくて事務の引継ぎを拒んだ者に対し、10万円以下の過料を科する規定を設けることができる。
§166②　第141条、第142条及び第159条の規定は、副知事及び副市町村長にこれを準用する。

表７−２　地方自治法施行令（抄）

§123　普通地方公共団体の長の更迭があつた場合においては、前任者は、退職の日から都道府県知事にあつては30日以内、市町村長にあつては20日以内にその担任する事務を後任者に引き継がなければならない。
②　前項の場合において、特別の事情によりその担任する事務を後任者に引き継ぐことができないときは、これを副知事又は副市町村長（地方自治法第152条第２項又は第３項の規定により普通地方公共団体の長の職務を代理すべき職員を含む。以下この項において同じ。）に引き継がなければならない。この場合においては、副知事又は副市町村長は、後任者に引き継ぐことができるようになつたときは、直ちにこれを後任者に引き継がなければならない。
§124　前条の規定による事務の引継ぎの場合においては、前任の普通地方公共団体の長は、書類、帳簿及び財産目録を調製し、処分未了若しくは未着手の事項又は将来企画すべき事項については、その処理の順序及び方法並びにこれに対する意見を記載しなければならない。
§127　副知事又は副市町村長の更迭があつた場合において、普通地方公共団体の長からその者に委任された事務があるときは、その者は、退職の日から副知事にあつては15日以内、副市町村長にあつては10日以内にその事務を当該普通地方公共団体の長に引き継がなければならない。この場合においては、第124条の規定を準用する。
§128　第124条（前条において準用する場合を含む。）の規定により調製すべき書類、帳簿及び財産の目録は、現に調製してある目録又は台帳により引継ぎをする時の現況を確認することができる場合においては、その目録又は台帳をもつて代えることができる。

単なる所管事項の説明を受けるだけでは意味がないので、限られた時間の中ではあるが、部局の懸案事項や当該年度の課題の把握に努めるとよい。

四　防災・危機管理上の準備

副市町村長は就任した瞬間から、防災・危機管理の責任者にもなる。副市町村長が就任直後かどうかなどお構いなしに大規模地震が発生する可能性もあり、即座に待ったなしの対応が求められる事態になるかも知れない。このため、直ちに準備に取り掛かる必要がある。

まず、防災携帯電話が支給されることになると思われる。これは退任まで片時も離さず持ち続けることになる。幹部職員、防災担当部局、秘書担当部局の職員の携帯電話番号が漏れなく登録されているか確認し、いつでも連絡がつくようにしておく必要がある。

あわせて、防災担当部局から、過去の大規模災害時の対応の記録、災害対応マニュアルを取り寄せ、緊急時の配備体制などについて確認する。マニュアルは常時持ち歩くようにしたい。

大規模災害が発生すれば、一日で対応が終わることはなく、数日は自宅に帰ることはできなくなるので、そのような事態に備え、防災用のヘルメット（防災部局で準備してくれるであろう）とともに、寝袋、懐中電灯、日持ちのする食料、着替えなどは執務室に備えておくことをお勧めしたい。

五　入札契約事務関連の規則類の確認

就任直後から入札契約事務の執行は待ったなしで巡ってくる。副市町村長は審査委員会等を主催する。そこでは

消防団演習に臨む筆者

入札執行の公正性を確保する責任者として、一切の妥協は許されない。良くわからないままに案件を通してしまえば、後から取り返しのつかない事態を招く可能性もある。

このため、入札契約担当部署から当該自治体の関連規則を一式取り寄せ、会議の円滑な進行方法などについても充分に確認しておく必要がある。

六　式典マナーの確認

副市町村長は首長代理として各種の行事やイベントに出席することになる。入学式、卒業式などの式典の立ち居振る舞いについては秘書担当部局に確認しておいたほうがよい。式典会場では最初に登壇、祝辞を述べることになるため、他の出席者の所作を参考にすることができない。主催者は副市町村長は当然、承知していると思っているかも知れないが、決してそういうわけではない。どのタイミングで礼をするのか、休めをかけるのかなど、事前に心得ておくことが望ましい。

消防団演習など消防関係の行事では制服が夏用、冬用で違っており、敬礼など独特の所作があるので、事前に消防部局から説明を受けておく必要がある（写真）。

防災服も準備されると思うが、式典によって革靴だったり、ブーツだったりするので、事前に確認する。

このほか、追悼式での献花や葬儀における弔辞の奉読などにおいても、それぞれ所作があるので、その都度、秘書担当部局からレクチャーを受け、学習していく必要がある。

第二節　職務上の留意点

一　副市町村長の政治的行為

副市町村長を含む特別職は、一般職の職員の政治的行為に制限をかけている地方公務員法の規定（表7－3）は適用されることはないが、公職選挙法における「公務員等の地位利用による選挙運動の禁止」の規定（表7－4）については一般職・特別職を分かつことなく、すべての公務員に適用されることには注意が必要である。この点に誤解が多いようであり、中には特別職は政治的行為を制限なく許容されていると誤認しているような事案の報道もなされている。

同法で禁止されている行為は、決して行ってはならない。住民、職員の信頼を失うことになる。

すべて公務員は、全体の奉仕者であって、一部の奉仕者ではない（日本国憲法§一五②、表7－5）ことがあらゆる行動の前提にあることを肝に銘じなければならない。

表7－3　地方公務員法

（この法律の適用を受ける地方公務員）
§4　この法律の規定は、一般職に属するすべての地方公務員（以下「職員」という。）に適用する。
2　この法律の規定は、法律に特別の定がある場合を除く外、特別職に属する地方公務員には適用しない。

（政治的行為の制限）（＊筆者注：§4の規定があるため、§36は特別職には適用されない。）
§36　職員は、政党その他の政治的団体の結成に関与し、若しくはこれらの団体の役員となつてはならず、又はこれらの団体の構成員となるように、若しくはならないように勧誘運動をしてはならない。
2　職員は、特定の政党その他の政治的団体又は特定の内閣若しくは地方公共団体の執行機関を支持し、又はこれに反対する目的をもつて、あるいは公の選挙又は投票において特定の人又は事件を支持し、又はこれに反対する目的をもつて、次に掲げる政治的行為をしてはならない。ただし、当該職員の属する地方公共団体の区域（略）外において、第一号から第三号まで及び第五号に掲げる政治的行為をすることができる。
一　公の選挙又は投票において投票をするように、又はしないように勧誘運動をすること。
二　署名運動を企画し、又は主宰する等これに積極的に関与すること。
三　寄附金その他の金品の募集に関与すること。
四　文書又は図画を地方公共団体又は特定地方独立行政法人の庁舎（略）、施設等に掲示し、又は掲示させ、その他地方公共団体又は特定地方独立行政法人の庁舎、施設、資材又は資金を利用し、又は利用させること。
五　前各号に定めるものを除く外、条例で定める政治的行為
3　何人も前2項に規定する政治的行為を行うよう職員に求め、職員をそそのかし、若しくはあおつてはならず、又は職員が前2項に規定する政治的行為をなし、若しくはなさないことに対する代償若しくは報復として、任用、職務、給与その他職員の地位に関してなんらかの利益若しくは不利益を与え、与えようと企て、若しくは約束してはならない。
4　職員は、前項に規定する違法な行為に応じなかつたことの故をもつて不利益な取扱を受けることはない。
5　本条の規定は、職員の政治的中立性を保障することにより、地方公共団体の行政及び特定地方独立行政法人の業務の公正な運営を確保するとともに職員の利益を保護することを目的とするものであるという趣旨において解釈され、及び運用されなければならない。

表7－4　公職選挙法

（公務員等の地位利用による選挙運動の禁止）
§136-2　次の各号のいずれかに該当する者は、その地位を利用して選挙運動をすることができない。（＊筆者注：特別職、一般職の区別がない。）
一　国若しくは地方公共団体の公務員又は行政執行法人若しくは特定地方独立行政法人の役員若しくは職員
二　（略）
2　前項各号に掲げる者が公職の候補者若しくは公職の候補者となろうとする者（公職にある者を含む。）を推薦し、支持し、若しくはこれに反対する目的をもつてする次の各号に掲げる行為又は公職の候補者若しくは公職の候補者となろうとする者（公職にある者を含む。）である同項各号に掲げる者が公職の候補者として推薦され、若しくは支持される目的をもつてする次の各号に掲げる行為は、同項に規定する禁止行為に該当するものとみなす。
一　その地位を利用して、公職の候補者の推薦に関与し、若しくは関与することを援助し、又は他人をしてこれらの行為をさせること。
二　その地位を利用して、投票の周旋勧誘、演説会の開催その他の選挙運動の企画に関与し、その企画の実施について指示し、若しくは指導し、又は他人をしてこれらの行為をさせること。
三　その地位を利用して、第199条の5第1項に規定する後援団体を結成し、その結成の準備に関与し、同項に規定する後援団体の構成員となることを勧誘し、若しくはこれらの行為を援助し、又は他人をしてこれらの行為をさせること。
四　その地位を利用して、新聞その他の刊行物を発行し、文書図画を掲示し、若しくは頒布し、若しくはこれらの行為を援助し、又は他人をしてこれらの行為をさせること。
五　公職の候補者又は公職の候補者となろうとする者（公職にある者を含む。）を推薦し、支持し、若しくはこれに反対することを申しいで、又は約束した者に対し、その代償として、その職務の執行に当たり、当該申しいで、又は約束した者に係る利益を供与し、又は供与することを約束すること。

表７－５　日本国憲法

§15②　すべて公務員は、全体の奉仕者であつて、一部の奉仕者ではない。

二　首長との意思疎通の機会の確保

自治体の首長は多忙である。

年中、会議、打合せ、公式行事、地区のイベント、国等への要望活動などに追われ、副市町村長であってもいつでも会えるわけはない。その上、副市町村長もまた時間に追われている。

このような中で、どのように上司の首長と意思疎通の時間を確保するかは、人によって様々な方法があると思うが、筆者の場合には始業時刻少し前に、市長の執務室において秘書とのスケジュール確認が終わったタイミングを見計らって執務室を訪問し、短時間でも意見交換や報告を行うようにした。市長が外出している場合や朝駆け的に急ぎの件を報告しに来る幹部職員などがいる場合を除き、任期中に欠かしたことはない。

このほかには、同席する会議の前後や廊下ですれ違った際などに立ち話で恐縮ではあるが、ごく短時間で報告をしたり、市長の感触を伺うようにした。

副市町村長の上司は首長一人だけだ。両者の意思疎通ができなければ地域や組織に悪影響を及ぼすことになるため、円滑な意思疎通が行われるよう、充分に気を使うべきである。

三　コンセンサスを大切に

表７－６は総務省から宮城県石巻市に副市長として出向した者が、国に復帰するため退任する直前の議会で行った発言である（石巻市議会、二〇一九）。

表7－6　宮城県石巻市議会会議録（抄）2019年3月18日

（職場環境に関する質問への副市長答弁）あわせて今の職場環境でございますけれども、今現在私が感じるのは、外から来て感じるのは、外から来た人の意見なりいろんな言い方というのがなかなか伝わりにくい、もしくは聞いていただけない状況にございます。そういった意味において風通しがいいかと言われますと、非常に私はよいとは考えておりません。私も非常に孤独な環境に置かれたこともございますので、それは、私自身、何年何カ月考えても非常に苦しい思いをしながら仕事をしたのは確かでございますので、そういった意味では部下の職員の気持ちやいろんなことを聞いてあげる、それがリーダーや上に立つ者の責任ではないかなと私は感じておりますので、そういった意味で極めてコミュニケーションが不足している職場環境だと私は感じております。 （＊筆者注：議員の発言、個人の氏名は割愛）

「外から来た人の意見なりいろんな言い方というのがなかなか伝わりにくい、もしくは聞いていただけない状況にございます。そういった意味において風通しがいいかと言われますと、非常に私はよいとは考えておりません。私も非常に孤独な環境に置かれたこともございますので」という発言をしている。

議事録だけではこの人物が置かれていた当時の状況の詳細までは把握しかねるが、言わば干された状態に置かれていたようだ。

副市町村長は、自治体経営において大きな権限と責任を与えられているが、自分ではない誰かの働き、協力を得てはじめて成果を挙げることができる職だ。もっとも、これは官民を問わず経営幹部に共通していることでもある。現場の実務まで副市町村長本人が行うことはできないので、職員が指示どおりに動いてくれなければ死に体となる。

そのような状態に陥らないようにするために必要になるのが、組織内のコンセンサスを得ながら、着実にものごとを進めることと、言い古されたことではあるが、信頼というものになる。信なくば立たず、と言われることもあるが、信頼してもらえるようにならなければ、孤立無援の状態となり、満足な仕事をすることはできない。副市町村長は常に周囲から、この人は信頼に足る人物かどうか、注意深く観察されているので、片時も気を抜くことはできない。周囲から信頼されてこそ、任期中に幾度となく訪れる難局にあって、有形無形のサポートを得ることができる。

副市町村長は、就任に際しては首長が指名し、議会の同意を得て選任されるプロセスを経ることになるので、首長の意向で自治体外部の人材を登用することが可能である。副市町村長が自治体内部の人材から登用された場合にはあまり問題は発生しにくいのかも知れないが、自治体外部から登用された場合には細心の注意が必要となる。

本人とすれば良かれと思い、まったくの善意で改革、改善を主張しているのかも知れないが、組織の実情とあまりに乖離していれば、現実離れした主張、言わばありがた迷惑のように受け止められる。

副市町村長は、大抵の場合、個室が与えられる。これは本来、打合せをしやすくしたり、機密保持などの理由のためだが、この個室が副市町村長にとって様々に作用する可能性がある。上司の首長や組織の信頼を失えば、冒頭の例のように個室の中に逼塞させられるようなことも、ときには起きうる。

地方分権改革により、国と自治体の関係（都道府県と市町村の関係も同様）は上下・主従から対等・協力に変わっている。

組織の外部から登用される者は、自分の価値観を押しつける行為や基礎自治体があたかも国や都道府県の下部機関であるかのような特権意識をもって職員を指導することは決して行ってはならない。

四　自ら考える職員の育成・抑制的な権力の使用

副市町村長は自治体の最高経営幹部の一人として組織を管理するために大きな権限を与えられている。職務命令で組織を動かすことは可能ではある、しかし、相手は人間であることから、日常的にそれをしてしまうと、職員は腹落ちしないまま、不本意な気持ちを抱えながら仕事をするようになり、最終的には命令されなければ何もしない、思考停止した職員が多くなり、組織として不健全な状態を招いてしまうことにもなりかねない。

このため、職員が自ら考えたり、工夫したりできる余地を残し、職員が納得して職務に当たれるようにこちらの意図を十分に説明するような配慮が必要になる。

職位や職務権限で命令し、仕事をさせるのは防災・危機管理などにおいて緊急性が求められる場合に限定するなど、権力の使用は常に抑制的であるべきと考える。

副市町村長の強力な権限は地域の発展のため、あるいは地域の住民の安全・安心を守るために与えられていることを忘れてはならない。

五　組織の伝統・文化の尊重

前項とも関係するが、悪しき慣習や組織に過ちがあれば、直ちに廃止したり、改善することが望ましい。

一方で、これまで続いてきた慣習やルールが続けられてきた背景については各方面から意見を聴くなど慎重に情報収集を行ったほうがよい。

組織の慣習や伝統は、長い歴史の中で積み上げられてきたものであり、他に解決策がなく、そのようにしかすることができないことも人の世には存在しうる。

伝統や組織文化は一度壊してしまうと再構築することはできない。良いものまで壊さないように留意が必要である。

一〇〇％組織の慣習に迎合すべきということを言っているのではない。組織には長い歴史の中で、地域ならではの風土の中で形成されてきた伝統というものもあるし、やむにやまれず、そうせざるを得ない慣習などもある。組織の歴史や実情を尊重し、傾聴する姿勢で職務に当たり、良いところまでなくしてしまわないような慎重な姿勢で職務に臨むことが必要である。

六　職員との対話

かつて、システム障害が続いた大手銀行は、国からの業務改善命令で「言うべきことを言わない、言われたことだけしかしない」組織風土があったと厳しい指摘を受けたことがあった。

この銀行では上役に対して何を言っても無駄だという意識が浸透してしまったようである。結果、頭取は障害の発生をネットニュースで知る状態になった。そして組織風土の変革の一環として、役員は個室から出て対話をするように呼びかけが行われた。

おそらく多くの副市町村長は個室を与えられることになるが、自室で待ちの姿勢で仕事を行うと、接点を持つことができる住民や職員は限られ、幹部職員としか顔を合わせなくなってしまいかねない。そうなると、副市町村長は何を考えているのか分からない存在になってしまう恐れがある。

こうならないためにも、時間の許す限り現場に足を運び、住民と会話をしたり、庁舎内を回り職員と対話をする機会を積極的に作っていくことが望ましい。また、決裁文書に疑問があれば問合せをするなどして、職員から見てもらっている、という意識を抱かせる努力をしていくべきである。

七　拙速な判断を避ける

倫理上、あるいは社会規範等の観点から判断に迷う要請などを受ける場合がある。所管部局との調整を経ずに直接、副市町村長に持ち込まれるケースなどである。

そのようなときに、所管部局の意向も聴かずに安請け合いしてしまうと、例えば法令上、許容されないことであったり、過去の対応との齟齬が生じてしまう恐れもある。

そのような場面では、「内部で検討したい」などと言い置き、即答しないほうがよい。

即断即決は聞こえはよいが、拙速であってはならない。分からないことや判断に迷うことがあれば一呼吸置き、一旦引き取ることとして構わない。

八　先送りしない

社会経済情勢が刻々と移りかわる中で、地域にも組織にも次々と様々な問題が発生する。

例えば、自治体の財政状況が悪化する場合、単年度に急激に悪化するのではなく、長い時間をかけて、徐々に財政健全化法の判断指標に現れてくるようになることのほうが多い。仮に、将来の財政悪化につながりうる予兆を把握し、健全化に着手しなかったとしても、その年に直ちに破綻状態になることもない。自らの代（任期）は逃げ切ることも可能かも知れない。

しかし、残された住民、職員はどうなるのか。

自治体は住民の政府として永続を前提とした組織である。首長も副市町村長も悠久の歴史の中で、ある一定の期間、地域の経営を担う役目を任されているに過ぎない。その経営の結果が表に現れるのは先のことであり、影響を受けるのは未来の世代ということになる。首長と副市町村長は自らの任期の先にある未来にも向き合わなければならない。

常に、眼前の経営判断が将来にどのような影響を及ぼすのかについて思いを巡らせ、どのような難題であってもその時点で最善と思われる決断を行い、解決を図ることが必要となる。

間違っても、逃げ切るなどということはあってはならない。

九　会議の座長

副市町村長は、庁内に置かれる各種の検討会、委員会などの座長を務めることになる。その数は自治体によっても違うが、相当数の座長の役目を、年間を通じてこなさなければならない。

座長が果たすべき主な役割は、参加者の一人ひとりから意見を引き出すことである。委員はそれぞれの識見に基づき意見を述べることが期待されて任命されるので、一部の委員しか発言できない会議運営では不満が残ることになる。可能な限り、多くの委員が発言できるように進行することが、会議の円滑な進行や議論の集約につながる。

座長を務める副市町村長が自分の考えを持っていても、意見を表明するのは会議のまとめの部分で話すか、委員から意見が出にくく、会議の活性化が必要な場合に限るべきである。

また、委員は他の役職や公職に就いている者であることが大多数であろうが、会議ではあくまで「委員」と呼称することが望ましい。例えば、「〇〇部長」と呼称してしまえば、肩書に遠慮して発言を遠慮する委員が出てくる可能性がある。会議の中では委員は平等でなければ議論は活性化することはない。

一〇　名刺に記載する情報

副市町村長は対外的に首長の代理者として自治体代表としてみなされる立場にある。このため、外出する際はもちろん、日常的にも肌見離さず名刺入れ（ホルダー）を持ち歩いたほうがよい。

首長や副市町村長の名刺には、地域の名所や名物などの画像や情報を盛り込むなど、独自の趣向を凝らしているものもよく見受けられる。

その際、電話番号とメールアドレスを載せる場合には留意が必要である。というのも、イベントなど外出先で接する人の中には様々な人がいる。中には業務に支障を来たす連絡を頻繁に送ってくる人がいる可能性もある。リスク管理の観点からも、電話番号とメールアドレスを表記する場合には秘書担当部局のものを表記することが望ましい。

なお、首長、副市町村長の執務室の前に業者向けの名刺ボックスを置いているところもあるが、営業の名刺の枚数が入札契約の獲得を左右すると言われた時代の名残に過ぎず、現在ではそのような効果を期待することはできない。筆者は在任中に発生した官製談合事件を契機に名刺ボックスを撤去したが、何ら不都合が生じることはなかった。いまだに庁内に名刺ボックスを設置している自治体もあるかもしれないが、メリットはなにもないので撤去することをお勧めする。

一一　副市町村長会議

副市町村長は、複数置かれている場合には同僚がいるが、一人の場合には庁内に同僚が存在しないので、誰かに悩みを共有することはできない。このとき、頼りになるのは他の自治体の副市町村長となる。

都道府県によって違うかも知れないが、筆者のケースでは県市長会事務局が主催し、県内の副市長が集う副市長会議が年間二回ほど開催されていた。副市長会議の基本的な役割は、近日中に開催される首長会議に上程する予定の案件の調整、事前審議なのだが、休憩時間や終了後の懇談の場での意見交換は非常に有益であった。

ここでは、正規の議題以外の懸案事項などについて情報や意見を交わすことができる。ナンバー2という同じ立場にいる者同士が悩みを共有し、率直に話し合える貴重な機会として、筆者は非常に大切にしていた。お互いに顔が見える関係になっておけば、いずれ連絡もしやすい。このような機会には積極的に出席し、相談ができる間柄になっておくことをお勧めする。

一二　特別職の懲戒処分

地方自治法第一六三条により、副市町村長は首長により任期中であっても、いつでも解職できることとされている。このため、首長が副市町村長の職にある人物がその任に耐えないと判断した場合には解職されることとなる。

一方、副市町村長が重大な非違行為や信用失墜行為を犯した場合の懲戒処分については、どのようになるのであろうか。

一般職の職員の分限・懲戒については、地方公務員法第二七条の規定に基づき処分がなされることになるが、特別職はこの規定は適用対象外となっている。これについては、地方自治法制定時の原始附則第九条が鍵となる。

地方自治法附則第九条第一項には以下のように規定されている。

表７－７　地方自治法施行規程（抄）

§12　都道府県の専門委員は、次に掲げる事由があつた場合には、懲戒の処分を受ける。 一　職務上の義務に違反し、又は職務を怠つたとき。 二　職務の内外を問わず公職上の信用を失うべき行為があつたとき。 ２　懲戒の処分は、免職、500 以下の過怠金及び譴責とする。 ３　免職及び過怠金の処分は、都道府県職員委員会の議決を経なければならない。 ４　懲戒に付せられるべき事件が刑事裁判所に係属している間は、同一事件に対して懲戒のための委員会を開くことができない。懲戒に関する委員会の議決前、懲戒に付すべき者に対し、刑事訴追が始まつたときは、事件の判決の終わるまで、その開会を停止する。 §15　第 12 条の規定は、市町村又は特別区の職員の懲戒について準用する。この場合において、同条第３項中「都道府県職員委員会」とあるのは、「市町村又は特別区の職員懲戒審査委員会」と読み替えるものとする。 §16　市町村及び特別区に職員懲戒審査委員会を置く。 ２　市又は特別区の職員懲戒審査委員会は、委員５人をもつて組織する。 ３　委員は、市又は特別区の職員のうちから２人及び学識経験を有する者のうちから３人を市長又は特別区の区長において議会の同意を得て選任する。委員長は、委員が互選する。 ４　町村の職員懲戒審査委員会は、委員３人をもつて組織する。 ５　委員は、町村の職員のうちから１人及び学識経験を有する者のうちから２人を町村長において議会の同意を得て選任する。委員長は、委員が互選する。 ６　職員懲戒審査委員会の委員長は、庶務を整理させるため必要があると認めるときは、市町村又は特別区の職員のうちから、市町村長又は特別区の区長の同意を得て、書記を置くことができる。 ７　前各項に定めるものを除くほか、職員懲戒審査委員会に関し必要な事項は、市町村又は特別区の規則で定める。

「この法律に定めるものを除くほか、地方公共団体の長の補助機関である職員、選挙管理委員及び選挙管理委員会の書記並びに監査委員及び監査委員の事務を補助する書記の分限、給与、服務、懲戒等に関しては、別に普通地方公共団体の職員に関して規定する法律が定められるまでの間は、従前の規定に準じて政令でこれを定める。」

一般職の職員については、地方公務員法が制定されたが、特別職の分限、懲戒等については今に至るも法律が制定されていないため、「政令で定める」、つまり、地方自治法施行規程（一九四七年政令第一九号）が適用されることになる（通常、「規程」の名称だと省令なのだが、同規程は政令であり、非常に珍しいケースとなっている）。

地方自治法施行規程では、特別職の懲戒処分について、表7－7のように規定されている。

同規程第一五条により読み替えられる第一二条の規定により設置される職員懲戒審査委員会の設置が必要となるが、委員は職員とともに、議会の同意を得た学識経験者を委員による審議（第一六条第二項及び第五項）が必要とされており、特別職の職責の重さを反映し、重厚な手続きが必要となっている。なお、地方自治法に基づく解職の場合には退職金が支給されるのに対し、懲戒免職では一般職の職員と同様、退職金は支給されることはない。

第三節　副市町村長の心構え

一　常在戦場

いきなり仰々しいタイトルで恐縮だが、自治体の任務は数あれど、住民の生命財産を守ることに優先するものはない。一旦急あらば、自らが被災していても住民のために奮闘しなければならないのが自治体職員の宿命である。

特に特別職の副市町村長は防災・危機管理においても最高経営幹部として二四時間体制で首長を支えなければならない職責を有している。

このため任期中はひとときも気を抜くことができない常在戦場の覚悟が必要になる。

副市町村長は首長から辞令の交付を受けた直後に防災・危機管理担当部署から防災携帯電話あるいは無線機を支給されることになるが、これは任期を終えるその瞬間まで肌身離さず持ち続けなければならない自分の一部のような存在になる。

庁舎内においてはもちろんのこと、通勤経路、あるいは自宅など庁舎を離れた場所においてもいつ何時も防災携帯電話を肌見放さず持ち歩き、一旦緩急あれば時間を問わず首長と対応を協議したり、必要な指示を下さなければならない。

もし大規模な地震が発生した場合など緊急事態が発生すれば直ちに出勤しなければならないため、任期中は遠方への旅行などには行くことはできない。旅行が趣味の人もいるかも知れないが、任期中は近場への外出に留めるなど隠忍自重が求められる。

このような生活を送ることになるので、家族には大きな負担をかけることになる。

筆者も、家族で外出しようと自動車に乗って移動中に大きな地震が発生したため（東北地方は東日本大震災から一〇年以上を経過してなお余震活動が活発な状態にある）、外出を中止したことも何度かある。

深夜に震度六強の地震（二〇二二年三月一六日の福島県沖地震。写真）に見舞われ、自宅に甚大な被害が発生した際にも他の職員と同様、自宅のことは後回しにして直ちに登庁した。

2022年３月16日福島県沖地震発災時の筆者自宅内の様子

大規模な風水害の発生が予想される際には役所に泊まり込みで対策に当たることになる。妻も小学生の子供達も父親の役目がそうであるからと諦めてくれたが、父親不在で、不安なこともあったろうがよく耐えてくれた。役目とはいえ、申し訳ないことをした。

常在戦場、この覚悟ができない者は、副市町村長の役目を引き受けるべきではない。

二　首長を立てる

副市町村長が自治体を代表する形で行事や会合等に参加することがあるが、それはあくまで首長の代理としてであることを忘れてはならない。

首長は、ただ一人、住民の代表として選挙で選ばれたリーダーであり、法的にも自治体の代表者、最終的な責任者は首長である。副市町村長による庁内の合意形成に向けた調整も首長が最終的な決断を下しやすい状況にもっていくために行うものである。

水面下で黒子役として調整を担うのが副市町村長の役目、

最終的な決断を行い、アンカーとして表舞台に発表するのは住民代表の首長の役目である。ときには副市町村長の私も表舞台に立って然るべきだ、などという考えは思い違いである。副市町村長は、日常の行動においても首長を立てる、ということに留意する必要がある。

ただし、これはいつ何時も無条件に絶対服従ということではなく、自らの良識や社会規範に照らして必要なときには意見すべきであることは言うまでもない。

三　公平・公正、公私の別

副市町村長は首長同様、最高経営幹部として庁舎の内外から常に一挙手一投足を見られている存在であることを忘れてはならない。職員はともに過ごす時間も長く、副市町村長の行動のすべてを見ている。

入札契約に関しては利害関係者も多いことから、行動には細心の注意が求められる。発注機関の総元締めとして、大きな権限を与えられているので、様々な思惑で副市町村長に接触を試みる者がいるかも知れない。一瞬でも隙を見せ、誘惑に負けると、その後に待つのは破滅である。飲食物の提供や付け届けは決して受け取ってはならない。公務員は全体の奉仕者であり、一部の者を利することがあってはならない。

先に述べたように、特定の政党や会派を優遇したり、庁舎内での選挙活動についても同様だ。

公私の別ということについては、過去には公私混同が問われて辞職した東京都知事がいたが、例えば、公用車の使用（公用車で公務のついでにかかりつけの病院に通うなど）、庁舎の電話（庁舎の電話で私用を足すなど）、日常の中に個人の見識や倫理観が問われる場面が潜んでいる。決して気を緩めてはならない。

そこに私心があれば隙が生じる。無私の心で職務にあたってこそ、道がひらけ、公平・公正を貫くことができる。

四　質素な生活、謙虚な姿勢

官官接待などの問題が噴出し、公務員のモラルの欠如が糾弾された一九九〇年代に比べると、幾分弱まっているかも知れないが、世間の公務員、行政機関への視線は依然として厳しいものがある。

行政サービスの最前線にある基礎自治体は住民の厳しい視線の中で仕事をしている。苦しい生活をしている住民からすれば、食うに困ることのない処遇がなされている公務員には厳しい視線が注がれる。

基礎自治体は、地域住民にとっての共同の課題を、共同の負担と責任により解決するための〝我々の政府〟であることを自治体職員は忘れてはならない。

古来より、住民に先立って地域の将来を憂い、住民より後に地域の繁栄を楽しむ、先憂後楽の精神が為政者の心構えとして知られている。

「メザシの土光さん」として知られた政府の第二次臨時行政調査会の会長を務めた土光敏夫は、「暮らしは質素に、社会は豊かに」の母の教えを大切にしたことで知られる（土光、一九八三）。

副市町村長をつとめる者も住まい、自動車、衣食、立ち居振る舞いを質素に、慎ましく保つよう心がけるべきである。

首長も副市町村長も組織の経営幹部として、行事に出席すれば上座に据えられる。補佐する職員も配置され、身の回りの世話をあれこれと焼いてくれるのだが、それは経営幹部として地域の発展ために可能な限り職務に専念できるようにとの配慮にほかならない。

しかし、人間は弱い生き物で、ともすればそういった待遇に慣れてしまい、謙虚さを失ってしまいがちだ。

表7－8　輪島市副市長の隣家、相談初日に解体開始

石川県輪島市の副市長の自宅側に傾いていた隣家の緊急公費解体が、市民からの解体相談の受付初日にあたる12日に始まったことが25日、分かった。副市長は「（解体を）一番先にしてと言ったが圧力はかけていない」と説明した。 （＊筆者注：個人の氏名は割愛）

出典）北國新聞DIGITAL（2024年2月25日）

表7－9　輪島市副市長、隣家がいち早く公費解体され「反省」「不正したつもりはない」

石川県輪島市が緊急公費解体の制度を広報する前に、副市長が自宅隣家の所有者に促して最初期に解体されたことについて、副市長は26日、本紙の取材に「制度を知らなかった市民がいることを考えると、配慮するべきだった。思いが至らなかったことは反省している」と述べた。市民からは「公私混同」との声が上がっている。 市では、能登半島地震で5千棟以上の住宅が全半壊。市は2月5日に制度と個別相談の実施を周知したが、副市長は事前に担当課に制度の詳細を確認し、1月下旬に所有者に申請を促した。副市長は取材に「不正なことをしたつもりはない」と釈明した。

出典）東京新聞TOKYO Web（2024年2月27日）

我が国には、実るほど頭を垂れる稲穂かな、という素晴らしい格言もある。尊大な態度をとることがないよう常に自らを戒め、勘違いすることなく、謙虚でいることを心がける必要がある。

二〇二四年元日の能登半島地震で被災した石川県輪島市において、副市長の隣家の緊急解体工事が、解体制度の住民向けの説明会が開催された日に開始されたことが報道された（表7－8）。当該副市長は担当課に「一番にしてとは言ったが圧力はかけていない」と話しているようだが、現実の工事着工の手際の良さを踏まえると、担当課がどのように受け取ったかは想像がつく。当該副市長は、その後、反省の弁を述べているようだが（表7－9）、時すでに遅しである。前項（「公平・公正、公私の別」）とも大いに関連するのだが、このようなとき副市町村長をはじめとした自治体幹部職員のとるべき対応は、被災した住民の事業の活用を優先させ、自らのことは後回しにすることである。

五　表情・感情の表現

日常的には、職員と対面・対話する際には常にポジティブな表情と態度でいることを心がけたい。

仕事が立て込んでいる場合であっても、副市町村長に対して報告や相談が持ち込まれるのは、よほどのことが起きてしまったために来ているのであるから、報告等があったときは、やりかけの仕事の手を休め、耳を傾けるよう努めるべきだ。

組織や地域にとってよいことがあれば住民や職員とともに喜びを分かち合ったり、成果を挙げた職員を褒めたりすることは組織を活性化するため、経営幹部として大いにやるべきだ。問題は、悪い情報が上がってきたり、危機を迎えている局面における立ち居振る舞いである。

行政課題が複雑多様化する中で、組織が大きくなるほど、日常的に様々なトラブルが発生する。

組織内で発生するトラブルにおいて、副市町村長まで報告されるものは各部局で対処できない選りすぐりのものということになる。ときには常識では考えられないような事件も起きる。組織を健全に保つためには、悪い情報ほど早期に経営幹部に伝わる風通しの良さが必要になるが、そうした情報を報告してきた職員に対して副市町村長が激怒したり、落胆の色を見せればどうなるであろうか。部局長は良い情報でないことを承知で、意を決して報告にきている。にも関わらず、上司からそういう態度を示されれば、以後、都合の悪い情報は上がってこなくなり、隠蔽されてしまう組織風土になりかねない。

上がってくる報告の九割は良くない情報であり、トラブルが次々と起こることが普通の状態と覚悟を決め、良くない情報を報告してくれた幹部職員にはそのことを褒め、前向きに解決策を検討するようにしたほうがよい。

自治体には財政上の危機、あるいは防災上の危機など常時、様々な危機にさらされている。そのような困難な局面において職員は不安な気持ちになっており、経営幹部がどのような表情をするか注意深く観察している。危機においては決して動揺を見せず、たとえ笑顔になれなくとも気力を振り絞り、なんとかなる、なんとかする、という雰囲気を醸し出し、周囲の職員を元気づける言動や行動を心がけなければならない。

常に能面のような表情でいる必要はない。しかし危機の局面などにおける喜怒哀楽の表現には注意が必要なのだ。もちろん、嬉しい報告が上がってきたときには、組織の一体感を生み出す観点からも職員とともに喜びを共有し、惜しみなく労をねぎらうべきだ。

六　経済的に困窮しない

筆者は経済的な困窮が公務員（国、自治体、一般職、特別職を問わない）が引き起こす不正の背景にあることをこれまで幾度となく見てきた。

ギャンブルや家業の行き詰まりなど何らかの事情で借財を抱え、家計が困窮し、官製談合や公金横領などの不正に手を染めてしまうのだ。官製談合などの不正を引き起こすのは首長や議員だけではなく、副市町村長にも相当数存在する。

人間は弱い生き物である。家業や私生活において経済的に問題を抱えている者は副市町村長を含め、公職につくべきではない。

七　自動車の運転

首長は自治体の代表者として重責を担っており、その身に万が一のことがあれば、その影響は甚大なものとなる。このため、多くの自治体では危機管理の観点から、首長が公務で移動する場合には、公用車の運転を首長本人にはさせないようにしている。公務中に限らず、プライベートであっても交通事故を起こせば大きく報道されることになるので、自家用車の運転にも細心の注意が必要となる。

副市町村長は、首長に万が一のことがあれば代理を務めなければならない身であり、首長ほどではないにせよ、公人として行動が注目される。このため、秘書部局において首長に準じた安全管理体制を適切に構築すべきである。プライベートの行動においても、可能な限り公共交通機関を利用し、自家用車を運転する機会を減らすなどの心がけが求められる。自転車の運転についても同様であり、交通法規の遵守に努めるべきであることは言うまでもない。

八　健康管理

筆者が副市長在任中、妻から度々、夜間うなされていたと聞かされた。家族の睡眠を妨げたことも多々あったようで、申し訳ない思いで一杯だ。眉間のシワが年々、深くなっているという指摘も度々受けた。また、自分でも在任中に頭髪の白髪が随分増えたと感じた。

「幹部はえらい人ではなく、つらい人だと知れ」（土光、一九八三）、はまさに至言である。

副市町村長は防災・危機管理の責任を負うため、二四時間、三六五日、緊張が強いられるなど、精神的な負荷も大きい。悩みを共有できる同僚がいないのがこの職務の辛さでもある。

首長ほどではないにせよ、公人である関係上、まちに気軽に買物や散歩に出かけることはできない。首長も副市町村長も生身の人間に過ぎないのであるが、世間からは森羅万象のものごとを心得ているように扱われる。首長と同様、職員に弱みを見せることがなかなかできない立場にある。

また、職務上、良くない報告のほうが圧倒的に多く、トラブルの処理などにも当たらなければならない。

在任中はとかく不愉快な思いをすることも多く、また、失敗をしでかしてしまうこともあるが、とにかく自信を喪失してしまうことが最も危険なことだ。改善すべきことを決めたら、翌日は快活に行動するよう心がけたほうがよい。翌日まで引きずらないことが大切である。

就任したときから地域に身を捧げたも同然の副市町村長の健康管理は、自身のためにだけ行うのではなく、地域と自治体組織のためにも大切なこととなる。疲れを引きずっていては感情の起伏にも影響を及ぼし、判断することが仕事であるにも関わらず、それが適切にできない恐れもある。公務に支障がないように体力と健康の維持に努め、常に快活でいられるように努めなければならない。

この点、筆者が仕えた市長には大いに励まされた。財政運営やらなにやらで深刻そうな顔をしていると「やらなければならない仕事があることは最高に幸せだろう」とはっぱをかけられた。選挙落選中の髀肉の嘆をかこっていた時代の辛さも伺った。

筆者は根っからの役人気質で、次から次へと心配ごとが頭に浮かんできてしまうたちであった。一方、市長は政治家ならではの大局観とリーダーシップで、どんなときも前を向け、決して下を向くな、と言ってよく職員を鼓舞した。厳しい局面にあっても、表面上は明るさを失わず、前向きな姿勢を見せるように務めていたように思う。自宅に帰り、風呂に入り、晩酌をして気持ちを切り替える、と語っていた。政治には常に批判が伴い、一〇〇％の賛成は存在しない世界であると言われるが、自治体のリーダーはこのような人でなければ務まらない。

そういう意味では、筆者のうぬぼれに過ぎないのかも知れないが、政治家ならではの感性と大らかさを持ち、大局的な視点で方向性を示す市長と、実務を円滑に遂行するための裏方に徹するナンバー２としての副市長という役割分担ができていたようにも思われる。

このような市長に仕えることができたのは、何よりも得難い経験であり、幸運なことであった。

九　判断に迷ったときの最後の判断基準

自治体の代表者の首長と経営責任を共有する副市町村長の職務は決断、判断の連続である。社会が複雑多様化していることもあり、前例のないことが次から次へと起こるが、迷うことなくあらゆる事象に即断即決することは不可能だ。では、判断に迷ったとき、最後にどうするかである。筆者が最後によりどころにしていた判断基準は、「正しいことをしているか」ということであった。

経営者が腐ればたちまち組織は腐る。自治体組織、行政実務の健全性を保つための最後の砦が副市町村長である。副市町村長が公選職ではない意味はそこにあるものと考える。この大切な役目を果たすためには、たとえ誰かに泣きつかれても、恨まれようとも、ときには鬼になって組織の健全性を守らなければならない。

私情を挟まず、真摯な心、誠実な態度で課題に向き合えば、課題の先送りや隠蔽といった選択には決してならない。

副市町村長に就任したとき、幹部職員が年長者であるかも知れない。筆者の場合はそういう状態から始まった。何しに来たのか、という視線を感じることもあったが、ときに泥をかぶり、一緒に汗をかき、サポートをすることで、筆者の独りよがりかもしれないが、徐々に組織に受け入れられ、信用を得ることができたように感じる。周囲から信頼されるためには、自分は正しいことをしているか、この判断基準で行動するしかないと考えている。

第四節　情報収集・学び

副市町村長の職務内容は自治体行政の全般に及び、幅広い知見が求められる。本節では、筆者の経験から、副市町村長の実務において有益であると思う文献、資料のいくつかを参考までに紹介する。本書の各章で参考文献として紹介したものは割愛する。自治体の職員から副市町村長に登用された方には当然の内容もあるかもしれないが、その点はご容赦願いたい。

一　防災・危機管理関係

㈠　消防庁「市町村長による危機管理の要諦―初動対応を中心として―」（二〇二四）
総務省消防庁のホームページに掲載されている市町村長向けの資料であるが、実践的な内容であり、副市町村長にも大いに参考になる。以下のホームページに掲載されている。
https://www.fdma.go.jp/relocation/e-college/senmon/cat 一 /cat 三 /post- 一四八三.html

㈡　災害時にトップがなすべきこと協働策定会議「被災地からおくるメッセージ　災害時にトップがなすべきこ

と」（二〇一七年四月）

東日本大震災、熊本地震など大規模災害に見舞われた首長の経験が凝縮された資料になっている。本資料も副市町村長にとって有益な内容になっている。千葉県香取市のホームページに掲載されている。

https://www.city.katori.lg.jp/living/anzen_anshin/topganasubekikoto.files/top_nasubekikoto01.pdf

二　入札契約関係

㈠　吉野洋一（二〇一四）『公共工事の入札における競争の限界と今後の課題―談合が許されないとすれば、どういう発注方法をとればよいのか？―』日刊建設通信新聞社

旧建設省の元幹部職員により書かれたものである。入札契約について、発注側としての行政機関の立場、受注する事業者側の立場、双方の立場が理解できる内容になっており、貴重な文献である。

㈡　武田晴人（一九九九）『談合の経済学―日本的調整システムの歴史と論理―』集英社文庫

二〇年以上前のやや古い文献ではあるが、談合の歴史やこれを取り締まるための法規制の歴史を知ることができる。かつての我が国の建設業界の置かれた状況について客観的に記されており、非常に興味深い。

三　地方自治

㈠　辻清明（一九七六）『日本の地方自治』岩波新書

旧憲法下と現行憲法下における地方自治観の相違、現行憲法制定過程における占領軍と日本側とのせめぎ合いの

中で戦後の地方自治がかたちづくられたことなどが平易な口語体で記されている。「自治憲章」の制定権の提案を「条例」としたことなど、現行憲法地方自治関連の諸規定はマッカーサー草案を翻訳する過程における中央統制、官治を維持しようとした日本側の様々な工作の結果であることが理解できる。地方自治の本旨の規定を含め、憲法改正の際には解決しなければならない課題も多い。

(二)　保母武彦、根本良一（二〇〇六）『元気な子どもの声が聞こえる町をつくる―矢祭町＝「合併しない町」の地域自立設計―』自治体研究社

平成の大合併において合併しない選択をした福島県矢祭町の行財政運営やまちづくりの考え方の記録である。本書では、合併しない宣言が単に奇をてらったものではなく、たとえ交付税が減らされたとしても自立してやっていこうという町の並々ならぬ決意がわかる。根本町長の経営感覚は素晴らしい。自立、自治の気概とはこういうものであろう。

(三)　月刊『ガバナンス』ぎょうせい

現在、話題となっている地方自治のテーマや他の自治体の活動などが幅広く取り上げられている。地方自治の動向を知る上で定番の月刊誌と言える。

(四)　新藤宗幸（二〇一三）『教育委員会―何が問題か―』岩波新書

我が国の市町村行政は明治以来、学校教育とともにあり、現在でも学校教育に関連する職員や予算は大変、大き

な比率を占めている。本書は自治体経営において抑えておくべき首長と執行機関である教育委員会との関係、教育委員会組織の歴史などが網羅されている。地方自治における教育行政のあり方に対する鋭い指摘は国の審議会等の組織から距離を置き、在野の研究者としての立場を貫いた著者ならではのものである。

四　財政運営

(一)　月刊『地方財務』ぎょうせい

自治体財政の国の動向を読み解くうえで必須の月刊誌。公務が多忙であっても、月刊ガバナンスとともに毎月、目を通しておきたい一冊である。

(二)　総務省「地方財政状況調査関係資料」

国の統一的の様式によりすべての自治体が編纂している財政状況資料集などが掲載されている便利なホームページ。他の自治体との財政状況の比較も可能であり、財政運営の当局者にとっては必須の情報源となる。

https://www.soumu.go.jp/iken/jokyo_chousa_shiryo.html

(三)　総務省「地方公営企業等決算」

こちらも国の統一的の様式によりすべての自治体の公営企業の決算情報が掲載されている便利なホームページ。公立病院などを保有する自治体の財政当局者にとっては有益な情報源である。

https://www.soumu.go.jp/main_sosiki/c-zaisei/kouei_kessan.html

【参考文献】

（第一節）
・宮城県石巻市議会ｗｅｂサイト「二〇一九年　第一回　定例会　一般質問・委員長報告」（二〇一九年三月一八日）。https://ssp.kaigiroku.net/tenant/ishinomaki/SpMinuteView.html?power_user=false&tenant_id=33&council_id=288&schedule_id=12&view_years=2019
（第二節）
・土光敏夫（一九八三）『私の履歴書』日本経済新聞社。
（第三節）
・東京新聞ＴＯＫＹＯ　Ｗｅｂ「輪島市副市長、隣家がいち早く公費解体され「反省」「不正したつもりはない」」（二〇二四年二月二七日）。https://www.tokyo-np.co.jp/article/311709
・北國新聞ＤＩＧＩＴＡＬ「輪島市副市長の隣家、相談初日に解体開始」（二〇二四年二月二五日）。https://www.hokkoku.co.jp/articles/-/1326744

あとがき

筆者が副市長としての任期を終え、退任した際、それまで肌見放さず持ち歩いてきた防災携帯を返納した。庁舎を出る際、重い防災用携帯電話を手放したことでジャケットの胸ポケットの片方が軽くなり、ハッとしたことを思い出す。自分が退任したことを物理的に認識した瞬間でもあった。

思えば、四年間の任期中、いつ発生するか分からない災害、感染症、あるいは組織内のトラブルなどへの対応のため二四時間、三六五日、一時たりとも気を抜くことができない緊張の日々であった。

退任から数週間は、住民の安全を守る責務から退いたはずなのに、何か重要なことを忘れているのではないか、防災携帯はどこに行ったかとハッとすることも多く、奇妙な心理状態が続いたことを思い出す。

筆者は記憶していなかったのだが、退任後、妻から、副市長に就任してから、〝一年は頑張るから、後は辞めてもいいいか〟、一年を経過した後は〝二年は頑張るから、その後は辞めてもいいか〟と言っていたと告げられた。

副市長として就任した市は、財政的に厳しい状況に置かれており、いかにして建て直すか奮闘する中で、官製談合事件で幹部職員の逮捕が発生したり、災害の対応に追われたり、悩みの尽きない日々であった。

また、自分としては死力を尽くして努力したつもりであっても、感謝されることは少なく、非難されることのほうが多い。自治体経営における内部管理や財政などの実務面を担い、毎日をいかにして乗り切るか、そういう日々の連続であった。緊張感の強いられる日が続き、精神的に擦り減っていく。そのような中で、自分なりに職務には全力を尽くすが、もし、乗り越えることができなければ討ち死にするかも知れないから覚悟しておいてほしい、そんな心境になっていたのであろう。

これから副市町村長に就任する方は、このような毎日を過ごす。しかし、このような日々であっても、地域に尽くすことができるのは無上の幸せだ。副市町村長にはその権限と裁量は充分に与えられている。

副市町村長に就任する者の多くは、自ら望んだものではなく、宿命的にたどり着いたとしか言えないのが実情ではなかろうか。奇跡的に責任を担う役割を与えられたのだ。

地域のため、困難な道を選ばれたあなたに心からエールを送りたい。組織を健全に保ち、地域の自立、自治の確立に向けて努力されることをご期待申し上げる次第である。

二〇二四年初秋

渡邉　誠

長沼フートピア公園のオランダ風車（登米市）

渡り鳥の飛来地伊豆沼（登米市）

平筒沼の桜並木（登米市）

謝辞

本書は自治体研究社の高橋真樹さんのご厚意なしには出版することはできなかった。書籍出版について右も左も分からない筆者に編集の労を執ってくださったことに謝意を表したい。

筆者のような者を四年間も我慢強く使ってくださった宮城県登米市の熊谷盛廣市長にはお詫びとともに、心より感謝を申し上げる次第である。

私事で恐縮だが、筆者がこれまで生きながらえて、わずかばかりではあるが社会に出て仕事をすることができたのは、ときに弱気になり、打ちひしがれる私を、どんなときも励まし、笑顔で支えてくれる、家族の存在があったからである。妻のなつみ、息子の新、娘のみのりという最高の家族に本書を捧げたい。

人々が真の地域の自治、自立に目覚める日を夢見て

渡邉　誠

渡邉　誠

宮城県生まれ。農林水産省、内閣官房、内閣府、宮城県登米市産業経済部（参事兼ブランド戦略室長）、東北大学大学院農学研究科、登米市副市長、国立大学法人香川大学大学院地域マネジメント研究科、淑徳大学地域創生学部地域創生学科。

副市町村長のしごと
―「ナンバー2」視点の自治体マネジメント―

二〇二四年九月三〇日　初版第一刷発行

著　者　渡邉《わたなべ》　誠《まこと》
発行者　長平　弘
発行所　株式会社　自治体研究社
郵便番号　一六二―八五一二
東京都新宿区矢来町一二三
矢来ビル四階
電　話（〇三）三二三五―五九四一
ＦＡＸ（〇三）三二三五―五九三三
E-mail:info@jichiken.jp
https://www.jichiken.jp/

印　刷　モリモト印刷株式会社
製　本
ＤＴＰ　赤塚　修

ISBN978-4-88037-773-5 C0031